教师用书系列

照亮孩子的心

李艳芳 著

北京出版集团公司
北京教育出版社

图书在版编目（CIP）数据

照亮孩子的心 / 李艳芳著 . — 北京 : 北京教育出版社 , 2020.1
（教师用书系列）
ISBN 978-7-5704-0392-9

Ⅰ . ①照… Ⅱ . ①李… Ⅲ . ①小学教育—教学研究
Ⅳ . ① G622.0

中国版本图书馆 CIP 数据核字 (2018) 第 146082 号

教师用书系列
照亮孩子的心

李艳芳　著

*

北京出版集团公司　出版
北京教育出版社
（北京北三环中路 6 号）
邮政编码：100120
网址：www.bph.com.cn
北京出版集团公司总发行
全国各地书店经销
天津兴湘印务有限公司印刷

*

710×1000　　16 开本　　8 印张　　100 千字
2020 年 1 月第 1 版　　2020 年 1 月第 1 次印刷
ISBN 978-7-5704-0392-9
定价：30.00 元

质量监督电话：（010）58572393 58572817 58572750

目 录

第一编　教学方面

浅谈小学语文课堂教学中的有效朗读策略

摘　要：对于小学阶段的语文朗读教学方式，一直是社会大众普遍关注的重点内容。因为良好的朗读习惯与朗读方式是学习其他课程的首要基础。但是，目前对于小学阶段的朗读教学，依旧存在着教学方式不明确、指导方式不严谨等问题。因此，对于出现的这些问题以及所存在的现实状况进行研究与分析，希望可以为小学语文课堂的朗读教学提供一定的参考。

关键词：小学语文；朗读教学；问题；策略

俗话说，朗读是一切学习的基础。这也就是说良好的朗读习惯有助于更好地学习。就理解能力而言，良好的阅读习惯以及阅读基础可以加深对阅读内容的理解。朗读与理解以及表达方式之间都是相互作用、相互关联的。小学阶段是培养良好的朗读习惯的关键时期。因此在这一阶段中，小学教师要注重提升学生的朗读能力。

一、朗读教学在小学语文教学中存在的问题

1. 不能深刻地意识到朗读的重要性

小学生无论从年龄上还是心智上来看都较不成熟。因此，缺乏对于朗读重要性的认识。通常只是对教师讲授的知识机械地学习，不知道学习的意义，缺乏问题意识。此外有些教师往往认为小学生对于知识的掌握程度有限，因此，对于朗读方式没有过多地进行讲授，只是让学生读出来就可以，不注重其语感、语速、情感的表达等等。这样的朗读形式对于学生毫无意义。

2. 教学中忽略了对朗读的指导

因为教师缺乏对于朗读方式的讲授，进而导致学生在朗读时，只是单纯的用读的形式将文字进行表述。通过这一简单的朗读形式并不能让小学生与作者产生心灵上的共鸣。让学生对文章进行不同方式的朗读，比如对于有角色的文章，可以让不同的学生进行分角色朗读，对于每个不同的角色如何拿捏其情感，有的老师虽然会对学生的朗读

方式进行相关的指导，但仅仅注重一些表面上的技巧，忽略了语文这一学科的朗读内涵，制约了学生的发展。

二、朗读教学具体应用方式与策略

1. 采用多样化的朗读教学方式

俗话说，兴趣是学习最好的老师，那么朗读便是学习语文最好的形式。在语文的朗读教学中，教师可以选用适当的情境创设的方式展开。以此来增加学生对朗读的学习与表达欲望，进而提高学生的语文朗读素养。

例如：当学习《桂林山水》这篇文章时，教师可以通过多媒体播放有关桂林山水的图画，并在播放的过程中选用较为优美的音乐，使学生融入桂林山水的美景当中。相信学生在观看后可以感受到山水的美。随后引导学生对文章进行朗读，在朗读中感受身临其境的美，进而将朗读情感全面激发出来，并在朗读的过程中进行思考与欣赏。

2. 创设生动的朗读情境氛围

在小学语文的课堂上，由于小学生对于许多事物不能看到其本质，缺少对一些事物的深刻认识，因此，教师要帮助学生进行了解与探索，也就是说培养学生的兴趣尤为重要。在对课本内容进行学习的过程中，教师要对文中的内容进行了解，随后设计出适合的朗读教学情境。例如：

对语文教材中《小动物过冬》这一课进行学习时，教师可以将学生分为不同的角色，并根据文中设定的人物以及语言，结合文中的语境进行表演。让学生在这一过程中感受文中角色的情感，并将其情感以朗读的方式表现。

3. 为学生树立良好的朗读榜样

小学生潜意识中的朗读就是将文字读出来，教师应该认识到这一点，并及时对小学生的这种观点进行更正，让小学生明白朗读不是简单的将文字以读的形式表述，而是要走进作者的内心，结合作者的情感，以及所处的语境进行有感情的朗读。因此，教师要为学生树立良好的阅读榜样，先对文章进行示范性的朗读，在高潮部分或者作者情感强烈的部分，应放快节奏或者声音高亢，全面的融入自己的思想情感。

例如，对文章《母亲的恩情》进行示范性的阅读时，要注意将自己完全融入这一情境中，并且注意语速、语气以及声音大小的变化。对文章进行通读后，让小学生进行模仿朗读，在提高朗读能力的同时，还可以发现自己朗读中的缺点与不足，并及时改进。

4. 适当地开展朗读教学活动

小学生的朗读水平受多种因素的影响与制约，因此，在教学中要全面的考虑到这些潜在的因素，并且不断地增加朗读的范围与朗读的机会。在课堂上教师合理配置课堂时间，用 5 到 10 分钟让学生进行朗读学习。

例如：在学习文章《父亲的菜园》时，教师可以在课堂上抽出 10 分钟的时间让学生进行朗读。在朗读的过程中要让学生将文章的主旨融入后进行朗读，并根据个人的理解将其进行升华，进而体现在整个阅读过程中。除此之外，要经常利用课外时间组织朗读训练和朗读竞赛，进而让小学生认识到朗读的重要性。

结语：朗读在一定程度上不仅是语文学习中的一个重要任务，也是存在于我们日常生活中的一门实用性较强的艺术。朗读具有一定的实用意义与价值。因此，要积极地运用一系列的朗读措施，不断地完善与提高小学生的朗读水平与质量。

参考文献

[1]吴凤霞.浅谈小学语文朗读教学存在的问题及策略的几点体会[J].课程教育研究（新教师教学）,2015(21):152.

[2]刘亚飞.浅谈小学语文朗读教学存在的问题及优化策略[J].中国科教创新导刊,2016(29):65.

浅析情境教学法在小学数学中的
渗透及应用

　　摘　要：好的教学情境是教学成功的关键，因此在课堂教学中教师要根据教学内容为学生创设一个相关的情境。通过教学情境的创设可以将抽象的教学内容变得直观化，进而可以提高学生的学习兴趣和学习效率。本文对小学数学教学情境课堂的创设方法进行了简单的探究。

　　关键词：小学数学；创设情境；情境教学

　　课堂教学中教师不仅要教授学生专业的知识，还要培养和提高他们的各种能力。小学生的抽象能力、理解能力以及探究能力是比较弱的，因此在小学数学课堂教学中，教师可以运用情境教学法进行教学，这样可以降低教学的难度，进而可以使学生更好地理解教学内容。教师可以运用以下的方法为学生创设一个情境课堂。

一、创设问题情境

在课堂教学中，教师可以将教材中的数学概念和数学规律等转化为问题，并将这些问题融入情境中。教师可以让学生在情境中发现问题，进而提出问题、解决问题，通过这样的方法可以提高他们的学习兴趣和学习效率，同时可以提高课堂教学的有效性。

例如：在讲解"分数"的有关内容时，教师可以为学生创设这样一个问题情境：

周二学校组织各个班级进行大扫除，教师做了以下的安排：五分之三的学生打扫室内，五分之二的学生打扫卫生区，具体分工由卫生委员负责。通过对情境的思考和分析，学生提出了以下问题：1. 五分之三是多少？五分之二又是多少？2. 全班的学生都分配到任务了吗？教师可以利用学生提出的问题来展开教学，这样不仅可以提高他们的学习兴趣，还可以提高课堂教学的有效性。

二、创设故事情境

虽然小学生对未知的事物充满了好奇，但是他们的注意力很难长时间集中在一件事情上，因此在课堂教学中，教师要运用多种方法来吸引他们的注意力，进而使他们更好地完成学习任务。通过对小学生心理和生理的分析，笔者发现：小学生对各种小故事比较感兴趣，因此在课堂教学中，教师可以将教学内容融入一些故事情境中。教师可以将动画片中的人物作为故事的主人公，这样可以获得学生的认同，进而达到吸引他们注意力的目的。

例如：在讲解"倍数的认识"这一节的内容时，教师可以为学生创设这样一个故事情境：青青草原要举办运动会，村长号召大家积极参与。经过统计，村长得出了这样的数据：乒乓球 9 人；长跑 20 人；短跑 30 人；铅球 5 人；铁饼 4 人。村长对大家说："乒乓球要两人一组，9 个人要怎么比赛呀？你们还有谁要报名？"喜羊羊推荐沸羊羊，沸羊羊推荐懒羊羊，懒羊羊推荐美羊羊，而美羊羊又推荐喜羊羊，看到大家来回推诿，村长决定用抽签的方式来决定。等描述完故事之后，教师可以让学生思考各个运动项目人数之间的关系，如长跑人数是铅球人数的几倍，短跑人数是乒乓球人数的几倍，等等。通过对这些问题的思考，学生可以更好地了解倍数的相关内容，进而提高课堂教学的有效性。

三、创设生活情境

数学知识源于生活又应用于生活，因此在课堂教学中，教师可以为学生创设一个生活情境，这样不仅可以使他们发现数学与生活的联系，而且还可以将复杂的问题简单化。小学生的原有知识水平、理解能力以及观察能力等之间存在一定的差异性，因此在创设生活情境之前，教师要对他们进行全面的了解，这样才可以根据他们的特点进行生活情境的创设。教师要运用学生熟悉的生活情境进行教学，这样才可以引发他们的共鸣，进而提高他们的学习兴趣和学习效率。

例如：在讲解"小数乘法"这一节的内容时，教师可以为学生创设这样一个生活情境：立冬的前一天，小明和妈妈一起去超市买菜。在超市，小明见到了很多种蔬菜和肉类，其价格如下：韭菜 2.34 元一斤、西葫芦 2.46 元一斤、芹菜 3.12 元一斤、猪肉 12.94 元一斤、牛肉 20.89 元一斤。妈妈问小明想吃哪种馅的饺子，小明说想吃韭菜肉的，于是妈妈买了两斤猪肉，一斤韭菜。这个情境是学生在日常生活中经常会遇到的，因此教师可以让他们计算一下情境中妈妈买猪肉花了多少钱。通过对生活情境的创设，可以将教学内容生活化、简单化，进而可以提高课堂教学的有效性。

四、情境的综合运用

在课堂教学中，教师可以综合运用各种情境，如问题情境和故事情境的结合，问题情境和生活情境的结合等等，这样充分地激发学生的学习兴趣，进而可以使他们更好地理解教学内容。为了更好地对各种情境进行综合，教师要深入了解各种情境的特点和运用方法。

例如：在讲解"小数除法"这一节的内容时，教师可以在生活情境中设置一些问题，并让学生对问题进行思考和分析，这样可以达到事半功倍的效果。

结合以上的论述，我们可以发现，小学数学教材的内容是丰富多彩的，涉及了各个方面的内容，其中有些内容是比较抽象的，因此教师可以运用情境进行教学，这样不仅可以将抽象的内容变得直观化，而且可以提高学生的学习兴趣和学习效率。通过对各种情境的分析和思考，学生可以发现数学与生活的联系，进而感受到数学的魅力。

参考文献：

[1]董兴纪．小学数学有效课堂教学情境创设方法探讨

[J].教育教学论坛,2013(7):93-94.

[2]季雨聪.浅谈新课改下小学数学课堂教学中的情境创设[J].才智,2014(15).

浅谈如何进行铅笔字的书写教学

孩子从上幼儿园大班开始，就接触到铅笔书写，而如何运用铅笔进行正确书写才是至关重要的一项任务！这不仅需要教师潜心研究，还需要家长与学生合理配合，力争让孩子端正坐姿，握正笔端，写出好字！

对于铅笔字，教师在教学时一定要力求通过循序渐进的训练，使学生了解写字的基础知识，掌握一般的结字规律，逐渐掌握铅笔字的书写技能；能够按笔顺规则使用铅笔写字，做到规范、端正、整洁；激发和提高书写汉字的兴趣，养成良好的写字习惯，并初步感受汉字的形体美。

考虑到汉字书写知识、书写特点以及它们和语文学习的联系，教师在教学时一定要做到与语文教科书学习同步，以精读课文中要求写的字为内容，依据学生的认知心理和汉字书写规律来教学，具体操作时可以分为三个层次：

第一个层次是"笔画提示"。它将基本笔画从具体的汉字中提取出来，做重点的指导以便掌握。在每个基本笔画下面，均作有关起笔、运笔和收笔以及笔画的整体效果等方面的提示，可以借助多媒体来达到这个目的。之后，再安排针对这个笔画的描红和临写，以便学生熟悉和掌握基本笔画的书写方法。考虑到称说和后续学习的方便，可以在每个笔画的上面加注汉语拼音，以利于学生的认知与临摹。需要说明的是，要更多地考虑指导书写与学习临摹的方便。譬如，"竖"可分为"悬针竖"和"垂露竖"两种，以便学生更好地区分和掌握两种"竖"的不同写法。

第二个层次是"整字练习"。它体现了对汉字书写规律和语文教学中识字、写字二者联系的重视。这一部分内容按照每篇课文中生字的出现顺序，将每个汉字都作为一个训练点。内容包括拼音、笔顺、描红和临写。学生通过书写一个个字，将学到的基本笔画的书写方法运用到整字的书写当中，并逐步领会、熟悉汉字的笔顺规则，掌握不同笔画的搭配和穿插挪让。单纯的笔画与整字中的笔画，无论笔形还是占位，都有或大或小的差别。为了使学生写好每一个字，教师针对字的特点要作多方面的提示。教师一定要认真领会，并对学生进行有效的、深入浅出的指导。

第三个层次是"自由练习"。这需要为学生自主习字提供弹性的空间。这一部分的练习，鼓励学生根据自己的习字情况和兴趣爱好，自主选择练习内容：可以练习基本笔画，可以练习本课要求写的、自己还写不好的生字，也可以练习教材中尚未要求写的其他生字或者已经写过的熟字。除了内容的弹性之外，学生对习字数量也有自主选择权：每个字可以练写一两遍，也可以练写四五遍。这种弹性的

"自由练习"，充分尊重了学生之间的个体差异，同时增强了适应性。

需要指出的是，"笔画提示""整字练习""自由练习"三个层次的训练内容，不是每课都需要同时有的。其中"笔画提示"，只有学生在第一次接触新笔画时才会出现，并加以说明。而"整字练习""自由练习"则不同，可以每课都有安排。

上述三个层次的训练内容，教师要遵循习字规律，加强与语文教学的联系，为学生习字知识的积累，写字技能的掌握，写字兴趣的提高，写字习惯的形成，搭建适宜的平台。

注意事项：学生在练习识写生字的同时，既可以巩固对生字的识记，又可以逐步掌握基本笔画、笔顺和结字的规则，使巩固识字和训练铅笔字书写技能相结合。这需要教师多多研究教法，使学生在有限的练习时间内，既巩固了识字，又练习了铅笔书法，取得语文学习和书法练习双赢的效果。

另外还要兼顾运笔技能与结字能力的提高，循序渐进地进行书写练习。

错题本是师生最该具备的教育资源

"金无足赤，人无完人"，是说人难免犯错误，但知错能改就善莫大焉。而对于学生来说，错题本就是学生应该具备的教育资源。

素质教育发展到今天，仍存在着因学生数学作业做错了，就罚抄作业 10 遍、20 遍，学生在课堂上回答错了问题而遭老师斥责的现象。这种不允许学生犯错的现象，会导致学生对小错误极力地回避，一个"怕"字当头，从而逃避现实，不敢去实践。这样会扼杀学生好奇、求知的天性，使他们形成谨小慎微、唯唯诺诺、害怕困难的性格，甚至会产生心理问题。

作为教师，绝不能以成人的眼光去要求学生，更不必去追求学生的绝对正确。要允许学生出错，并将错误作为一种促进学生情感发展、智力发展的教育资源，正确地、巧妙地加以利用。下面，就结合我的数学教学实践谈谈我的做法：

一、允许出错，正确指导纠误

新的《数学课程标准》指出："要关注学生在数学活动中所表现出来的情感与态度，帮助学生认识自我，建立信心。"而良好的数学情感与态度是学生参与数学活动的重要动力，是克服困难和探索创新的力量源泉。"错"作为一种教育资源，只要合理利用，就能较好地促进学生情感的发展。

从心理学、教育学的角度分析：由于学生受生理、心理特征及认知水平的限制，出错是不可避免的，可以说，出错是学生的权利。作为教师，首先要本着以人为本的主体教育观，尊重、理解、宽容出错的学生，不斥责、不挖苦学生。这样，学生在课堂上才会没有精神压力、没有心理负担而心情舒畅，情绪饱满。在这种情况下，学生的思维最活跃，实践能力最强。这就是说，学生的学习，必须在一个宽松的环境中进行，拥有快乐、宽松、积极的情绪和良好的师生关系，对学生的认知和创造具有极佳的激励作用。因此，教师要允许学生出错。试想，学生由于怕说错，怕老师批评总是惴惴不安，怎能变成敢说、敢做的创造性人才？

我在教学中用开"绿灯"的方式对待学生的错误，在课堂上提倡几个允许：错了允许重答；答得不完整允许再想；不同的意见允许争论。这盏"绿灯"使他们的自尊心得到了切实的保护，人格得到了充分的尊重。在这样的课堂上学生没有答错题被老师斥责的忧虑，更没有被同学耻笑的苦恼，他们在民主的氛围中学习，敢说，敢做，敢问，勇于大胆创新，以健康向上的情感态度投入学习，体会到学习的乐趣，而且师生的关系也非常融洽。

其次，面对学生已出现的错误，教师应换位思考，多站在学生的角度替学生想想，想想学生此时的心理状况和情绪。因此，我告诉学生："失败乃成功之母，学习就是在不断出现错误、不断纠正错误中前进的，克服了错误，就会获得胜利和成功。"教师还要引导学生在反思中发现自己学习中的不足，帮助学生分析错误原因，找出正确的解题方法。在教师的正确引导、鼓励下，学生敢于正视错误，锤炼自我，增强战胜困难、学好数学的信心，并做到"亲其师而信其道"，逐渐形成实事求是的学习态度、敢于克服困难的坚毅性格，以及良好的学习品质。

二、巧用错误，引导探索发现

有一次，学生在完成一道填空题：$0.97 \div 0.12 = 8. \cdots\cdots$（在后面填余数，应该是 $0.0833333\cdots\cdots$）时，大部分学生

填的是"1"，针对这一较为典型的错误，我把它作为一个判断题让学生自主探究，先判断答案是否正确，接着追问："你是怎样发现错误的？"学生在富有启发性的问题的诱导下，积极主动地进行探索，很快找到了三种判断错误的方法：

①余数1与除数0.12比，余数比除数大，说明填"1"是错误的。

②余数1与被除数0.97比，余数比被除数大，说明填"1"是错误的。

③验算：$8×0.12+1≠0.97$，说明填"1"是错误的。

紧接着，我再带着学生分析，找出正确的余数。由于计算时，被除数和除数同时扩大了100倍，虽然商不变，但余数是被除数扩大100倍计算后余下的，所以余数也扩大了100倍，正确的余数应把1缩小100倍，得0.01或它的倍数！

三、鼓励发现，督促及时整理

"错题"是每个学生在学习阶段必不可少的经历，而学生却不懂得分析出现错误的原因，更不会找出规律来改正，为此，教师要在考试之后及时指导学生，并督促学生及时整理错题本，以便及时纠误，提高学习成绩。

　　记得在一年上学期考试前的复习阶段一次小测验中，有一道试题说"把下面短文中的动词找出来填写在括号内，其中有（　　）贝壳、（　　）项链、（　　）在胸前"，其实这一题，如果同学细心的话，就会发现原来短文阅读中就有这样的短语：捡贝壳、穿项链、挂在胸前。如果同学们认真读了短文即便不明白什么是动词，也会填上括号的。教师在讲解答案时就要帮助学生找出这一规律，并且督促他们及时整理在错题本上，这样好的教育资源就该恰当应用，以便逐步提高学生的学习成绩。

　　总之，错题本是教师与学生提高学习效率的教育资源，希望同仁们充分利用，以利教学。

玩中学是小学教学的最佳方法

著名特级教师张化万先生曾说过"把玩进行到底",这句教学名言凝聚了他几十年教学生涯的精髓,指导我们小学教师少走弯路,缩短我们摸索的时间,取得事半功倍的效果,可以让我们站在巨人的肩膀上看得更远!

"把玩进行到底!"多么朴实的语言,虽然没有华丽的修饰,却一语道出了当前小学教学的真谛!众所周知,从心理学的角度来说:玩是孩子的天性,玩是孩子感知世界、认识世界、了解世界的主要途径。因而作为教育工作者应努力让自己的教学更贴近孩子的内心世界,让他们快乐地学习、大胆地尝试,用精心准备的玩耍方式去点燃孩子智慧的火花,去激励孩子创造的精神!著名特级教师张化万老师大声呼吁"把玩进行到底"!细品此中意味,我们可以发现张老师的话语中所包含着的先进教学理念。

"把玩进行到底!"充分体现了张老师以人为本的教学理念。张老师真正把握住了学生的需求,真正深入到了孩子的内心世界,即置身于孩子的天地。为师者都熟知孩子的天性——玩,然而又有多少老师能做到把玩置于教学之中呢？更别说把玩贯穿于教学的全过程了。张老师却做到了！如：《吃西瓜》一课中，张老师设置了盼瓜、看瓜、说瓜、吃瓜等几个环节，让学生在轻松愉悦的玩中去感受。

片段实录：

师：（捧着西瓜模型）想吃吗？

众生：想！

众生都跃跃欲试。

教师又揭开布盖，手指桌上切好的西瓜，学生欢呼不已！

师：说说你现在的心情吧。

生1：我口水都已经流出来了，张老师你别磨蹭了，赶快分给我们吃呀！

生2：肚子里的虫在叫了，垂涎欲滴了。

生3：快乐得不能再快乐了！

师：现在开始分发西瓜了。

教师开始分发西瓜。

师：吃呀，快吃呀！别不好意思。吃得最快的有奖励。第二、第三也有奖。（教师笑呵呵地为吃得快的学生发奖）

师：下面是第二个奖励项目，奖励给那些吃得特别干净的同学。（一学生拿一块啃干净的西瓜皮递上）你能得奖。（发奖）

师：请你们仔细看看别人是怎样吃西瓜的，还想吃的同学请到我这儿来拿。

学生蜂拥而上，着急而又开心地争抢西瓜。

师：吃西瓜的感觉怎样？

学生交流。

师：抢到瓜的是英雄，希望你们等会儿说瓜、写瓜也是英雄。……没抢到瓜的有什么感觉？

生1：真倒霉，我没抢到。

生2：虽然没抢到，但在吃第一块的时候，我是慢慢品尝的，尝到了西瓜的美味。

……

原来课可以这样上！我们不禁发出这样的感叹。整堂课张老师都让学生痛痛快快玩，开开心心玩，轻轻松松玩，在玩中感悟收获！难怪学生是如此喜欢张老师和他的课！

由此我想到了我的教学方法，并尝试着改进。

记得有一次我在讲《雪地里的小画家》一课，恰好赶上下雪，我看着孩子们忍不住偷偷瞄向窗外的眼神，心豁然一动，马上问大家：大家想不想去外面赏雪？

孩子们异口同声地说：想！

我：既然如此，那么大家就准备好去赏雪，在赏雪时要注意观察，你的脚印是什么样的？赏雪回来大家一起探讨。

可想而知，这节课上得特别成功，学生不仅明白了雪地上的小画家的妙笔，还明白了如何写好自己的观察日记。

在玩中学是每一个小学教师应该斟酌的教学方法，并是应该贯彻小学语文、数学教学始终的教学方法。它响应了张老师独树一帜的创新精神——"把玩进行到底"！

今后，在日常的教育教学过程中，在与天性爱玩的孩子一起学习与生活的过程中，如果教师能无时无刻不在"玩"字上做文章，让学生在玩中受益，那么我们就能造就出一个个具有个性品质和创新性的学生。

姹紫嫣红的大千世界，吸引着每一个孩子，在他们的心里编织出一个个五光十色的世界。在这些小小的"世界"里闪烁着许多智慧的火花，作为教育工作者应该捕捉这些火花，并点燃它们。而"玩"正是点燃孩子智慧火花的引火石，在玩的过程中，不但有利于相互增进了解，有利于感受生活乐趣，有利于消除学习疲劳，有利于增强体质，有利于培养团队精神，还能让学生体验到成功的欢乐，享受到创新的愉悦。在玩中不断思索，不断发现，不断创造。真是怎一个"玩"字了得！

有一名学生曾在日记中这样写道："爸妈总说玩不好，可我在暑假里玩得很开心，不仅因为我玩的项目多，而且我觉得玩的好处很多。我在玩中学到了许多书本中没有的知识，还掌握了一些本领。玩不仅开心，还能陶冶情操呢！我真是玩得有滋有味。"可见"玩"是大有学问可做的！也正因如此，"玩中有学，寓教于乐，学中创造"的教学方式，才能得以长存长青。

愿我们所有教师都能牢记：玩中学！把玩进行到底！

身体力行才是学习知识的法宝

"实践是检验真理的唯一标准",这是至理名言。其实这也应该是我们小学教师所遵循的教育原则,小学生是天真无邪的,爱玩、好奇是他们的天性,教师在教学中就该明白这一道理,并且始终谨记,这样才能把学生的学习兴趣充分调动起来,换言之身体力行才是学习知识的制胜法宝!

当前中国教育在教学理论与教学实践中正尝试着一场变革,这场变革的基本特征表现在以下三个方面:一是由原来的注重知识的接受性教学转向当前的能力的探究、合作性教学;二是由原来的重机械的决定性教学转向当前的互动的交往性教学;三是由原来的重单一的认知性教学转向当前的多维的体验性教学。

新《语文课程标准》中指出:"语文课程丰富的人文内涵对学生精神领域的影响是深广的,学生对语文材料的反映又往往是多元的。因此,应该重视语文的熏陶感染作用,注意教学内容的价值取向,同时也应尊重学生在学习过程中的独特体验。"注重语文教学工具性和人文性的统一,挖掘教材丰富的人文内涵，让学生在体验中获得真知，这正是我在日常教学中努力探索并进行尝试着的。

课堂是最应该具有生命活力的地方，课堂的生命活力来自学生对事件、事实的感觉和体验，来自学生对问题的兴趣、好奇，来自学生情不自禁的猜想、假设、直觉，来自学生不同观点的碰撞、争辩、启迪、认同，来自学生在体验过程中对困惑的思考和理解。

一、"玩转课堂"，在"玩"中获得真知

爱玩是小学生的天性。心理学研究表明：促进人的素质、个性发展的最主要的途径是人的实践活动，而"玩"正是小学生这一年龄阶段中特有的实践活动形式。

在语文教学活动中，让学生先玩玩、说说、做做、演演，在玩中学，在玩中动手、动脑、动口，有助于发展学生的语言能力和思维能力。如：在指导学生写观察日记的教学过程中，为使学生准确地写清楚日记的主要内容，我就利用学生们好奇的心理，让大家在春天百花争艳的时候，在花坛边观赏自己比较喜欢的花，然后现场指导大家观察时要注意记住花朵的颜色、花瓣的外形、花叶的形状……之后再深入探讨一下，如果我们看到了自己喜欢的花，采摘下来放入瓶子里养起来可不可以。大家现场就七嘴八舌

地发表自己的见解，这让孩子们印象很深刻，于是这次的观察日记每位同学都写得丰富生动。

通过把书本中的新授知识转换成"玩"的活动，不但能使学生产生愉悦的心情，消除厌学情绪，而且还能从"玩"中自觉地探求知识、方法，并形成一定的技能，使"玩"向有益处、有选择、有节制、有观点的方面转化，所以学会玩的过程也是一个学习体验的过程。

二、"动手动脚"，在"做"中获得真知

"做"就是让学生动手操作，通过操作，可以使学生获得大量的感性知识，同时也有助于提高学生的学习兴趣，激发学生的求知欲。因此，创造一个愉悦的学习氛围，多让学生动手操作，是改进教学效果的重要环节，也是学生学习体验的一种方式。

在学习课文《秋天》中，有这样一段描写："天气凉了，树叶黄了，一片片叶子从树上落下来。"在教学时，我引导学生对照插图用语言描述一下黄叶落下来的情景，然后又启发学生放飞想象，在插图上补画出一些别的树叶，可以是自己想象的美化后的样子。

当李家俊同学把自己的作品展示给大家看后，其他同学认为他把树叶画成红红绿绿的，与书上的不一样，与现

实中大家见到的也不一样。但李家俊却坚持认为自己没错："我上周在奶奶家看的树叶就是绿绿的，还有红红的，当然也有黄黄的。"这一下，同学们就像炸开了锅，大家你一言我一语地争论起来，有的说是黄的，有的说是红的，也有的说可能真是绿的，谁也说服不了谁。于是我插话了："双方都有道理，我看最好的办法，就是用事实说话。今天留作业，回家搜集一些树叶，看谁捡的树叶种类多，颜色鲜艳。"同学们立刻欢呼起来。

　　总之，身体力行才是学习的制胜法宝，请大家不要因为怕课堂秩序乱而不敢让孩子们玩。

如何进行有余数除法的计算

小九九乘法口诀是三、四年级小学生耳熟能详的，这也就为学习乘除法打下了坚实的基础。而"有余数除法计算"则是小学数学课本里的一个难点，是在"没有余数的除法计算"的基础上进行的。根据以往的教法：如 $13 \div 2 =$？我们都是这样教学生想，$2 \times$（　）< 13，（　）里的数（即是商）和 2 相乘的积必须最接近 13。无可否认，这种教法是正确的，对大部分学生来说，只要乘法口诀熟练，都比较容易掌握，一小部分学生仍然只是手拿着铅笔，在那里苦思冥想，就是下不了笔，或者乱填一通，就是偏偏想不出答案。你看到只能替他们干着急。这时，你不妨试试这个方法吧！

首先判断出 13 不能被 2 整除，那么你可以在草稿本上写 $13 \div 2 = 12 \div 2$，每次把被除数减少 1，一直找到可以整除的那个数为止，就像上面的例子，第一次减少 1 后就是 12，同学们看到 $12 \div 2$，很容易判断出商就是 6，那么就找出 $13 \div 2$ 最大能商 6 了。对于一时不能逆思考的同学，通过不断地学习和思考，熟练后也可以比较容易地掌握。

就算大点的数，学了这个方法后也不是什么问题了。如，$70 \div 9 = ?$ 开始找数 69、68、67、66、65、64、63……马上就判断出最大能商 7，这方法看起来好像挺笨的，不要紧，开始可能真的一个一个地找，慢慢熟练后会很快找出能整除的数的。以往的教法还有一个缺点，学生很容易商小了，出现余数比除数大的情况。而这个笨笨的方法倒是避免了这种情况。

总而言之，有些时候笨笨的方法反而能准确解决大问题，等到熟能生巧时，笨法也就变成妙法了。

让数学和学生一起走进生活

从古到今，数学就与人类的生活、社会的进步息息相关。尤其在当代，数学的影响已经遍及人类活动的各个领域，成为推进人类文明不可或缺的重要因素，从而使得社会也不断对公民的数学素养提出新的要求。我们作为数学教育工作者，必须考虑社会发展与数学课程之间的关系；而对于小学数学教师来讲，必须考虑数学与生活之间的联系。具体地说，就是我们在数学教学中能不能把这些现实的问题与之相联？能不能在教学中让学生根据自己现有的知识水平和生活经验去重新体验"数学发现"的过程？能不能让学生运用所学的数学知识去解决一些生活中的简单问题……

这一连串的问题，使我联想到如果数学教师能和学生一起走进生活，这些问题就会迎刃而解。与此同时，也会使非常抽象的数学变得通俗易懂；会使"枯燥"的数学内容变得生动有趣；会激励学生们更加热爱数学，更加主动地去学习数学；会促使学生们不断地在学习中去应用数学；同时也会启发他们不断地提出更多更有价值的数学问题；

会促进他们不断地提高自身的数学素养，甚至会发现一些新的数学内容。

具体步骤如下：

一、正确认识数学与生活的关系

原来，人们认为"数学就是计算，数学就是测量"。例如，在人们进行商品交换时，在人们进行物品的重新分配时，在人们进行土地测量时……尽管数学也只是起着计算与测量的作用，但人们还是想到了用数学来解决这些生活中的问题。在那时，人们就已经知道数学与人们的生活联系得非常紧密。

现在，随着数学自身的发展，其作用已远远超过了原来，数学已经遍及人类活动的所有领域，人们已经普遍认识到以下几点：

数学是一种工具。在人们的生产和生活中，需要有各种各样的工具，而数学作为一种人们思维的特殊工具在社会中"隐式"地存在着。虽然它不像有形工具那样"看得见、摸得着"，但它的作用从某种意义上讲，要远远超过那些有形工具，因此说它是一种"人们生活、劳动和学习必不可少的工具"。如果能恰当地运用这种工具，就可能帮助我们进行一些数据处理、数据运算甚至推理与证明。例如，各种报刊、电视、广告上的数据可以引发人们一系列的联想，可以帮助人们做出果断的决策，可以使人们的生活达到最优化，等等。这些"隐式"的工具，人们都在自觉或不自觉地应用着。

数学是一种语言。语言是人们交流思想的有效工具，而数学有它自身的特点。因此它有一套自成体系的语言（符号），而这种特殊的语言又是大家公认的，人们可以利用这种特殊的语言来进行思想交流和方法交流，达到科学技术的共同发展。例如，生活中的"+"与"-"，还有各种数和各种各样的统计图表等，这些都是生活化的数学语言。

数学是一种文化。文化的传播推进社会不断地向前发展，而数学自身的发展也是人类文化传播中不可分割的一部分，其中包含着丰富的数学内容、数学思想、数学方法和数学语言等。

数学是一个主观建构的过程。这样说是因为要想研究自然界中的某种现象和规律，就要建构出一种抽象的模型，从理性的角度去研究其规律。在这种特殊需要的情况下，数学就起着至关重要的作用，人们可以利用数学来把生活中的现实构造成一个个的数学模型，再对这些数学模型进行研究，以"有效地描述自然现象和社会现象"。例如，数学中的每一道应用题都是生活原型的再现。

数学是提高人们思维能力的推进器。人人都有思想，无论做什么事情都要进行思考，但由于思考的层次和方法不同就显露出了各种各样的水平。而人们在利用数学知识解决实际问题的同时要用到推理、抽象、概括、想象、创造等这些比较高层次的思维，不断地重复这个过程也就是人们的思维能力不断提高的过程。

总而言之，在社会飞速发展的今天，数学已经今非昔比，渗透到社会的各个领域，数学与人们的生活更是密不可分。因此，《数学课程标准》提出数学学习内容应当是现实的、有意义的，要与现实生活联系起来。

二、熟悉数学与生活背景的关联

既然数学与生活息息相关，那么"学生的数学学习内容应当是现实的、有意义的"，但对于小学生而言，由于年龄偏小，使得他们的生活活动范围偏窄，这就需要教师根据小学生所处的文化环境、家庭背景的不同来了解不同学生的不同生活背景，了解学生整天在想什么、干什么、对什么比较感兴趣等等，以期能找到他们喜闻乐见的生活原型。

这就要求教师要多关注校园中的学生生活，要善于发现校园的数学素材。如校园中的"位置"问题，像排列的座位、体育课上的队列、本教室在学校各个教室中的相对位置等；教室内外的几何形体，像校门或大厅里的柱子、图书室里面的柜子、体育室里面的各种球等；丰富多彩的校园活动，像跳绳游戏、老鹰捉小鸡、丢手绢，等等，这其中都包含着许许多多的数学问题。假如能把这些校园生活中的数学问题搬进课堂，学生们就会感到非常真实、有趣，同时学生们也会充分地认识到数学并非枯燥无味，会感到数学就在他们身边。

综合而言，数学真的和我们的生活息息相关，只有在数学教学中时刻关注这一点，并把数学融入到学生的生活中，才能真正领悟数学的真谛，教好数学，让学生学好数学。

让语文课堂丰富动感起来

俗话说得好"语文是百科之母"，但真正实现这一课堂教学是师生双边的互动过程，老师和学生都是活生生的人，都是极具个性色彩的人，所以课堂教学没有既定的程序、轨迹，有的是个性化的行为，有的是随机产生的思维的碰撞，有的是始料不及的"特色"表现……生活需要七彩阳光。要想深入地推进新课改，使课堂也像生活一样充满七彩阳光首先要下功夫进行有效性自主学习的研究，创设课堂教学的新境界。

一、把课堂交给学生，教师"袖手旁观"

学生被动学习乃至厌学的原因之一，就是在他们眼里知识是枯燥乏味的、是灰色的，要改变这种现象，就要善于发掘蕴含于知识本身的情感，并善于艺术性地赋予知识以情感。有了情感，知识就有了生命，学生就会感受到其中的魅力和价值，对于自己感到有魅力和价值的东西，学生怎能不孜孜以求呢？

在传统的课程实施中，我们往往容易忽视其中的"情感"。有好多教师认为，只要做到"传道、授业、解惑"，就是尽了自己的责任。只要尽了这个责任，那么教师的所作所为、教师的付出都是正确的。其实不然，新课程不仅仅要求我们"传道、授业、解惑"。即使是为了"传道、授业、解惑"，没有情感的教学也是没有生命力的。对学生而言，积极的情感比渊博的知识和高度的责任感都重要。带着沉重的心理惶恐感，学生怎么能自主学习呢？如果沉甸甸的责任和渊博的知识伴着的是漠然的神情，那么，带给学生的只能是被动消极乃至失望、沉沦和彷徨。学校里的学习，是师生每时每刻都在进行的心灵接触。要使学生主动学习，教师就要善于营造情感交融的良好氛围，把更多的"情"和"爱"注入平日的教育教学，给学生以足够的心理安全感，这样，学生才能带着信心和勇气主动地投入学习活动。

要给学生以丰富的情感，教师应该用一颗童心对待学生。正如陶行知先生所说："我们必须变成小孩子，才配做小孩子的先生。"教师只有怀着一颗童心才能走进学生的心灵世界，也只有这样，教师才能去感受他们的喜怒哀乐，师生才会成为朋友，学校才会成为乐园。

要给学生以丰富的情感，教师还要用微笑来赢得学生的微笑。一个慈爱的眼神，一次轻轻的抚摸，一份小小的礼物，都会使学生如临春风，如沐春雨。

要给学生以丰富的情感，我们还要把富有激励呼唤、鼓舞和关注性的语言当作传递情感的灵丹妙药。在教学过程中，教师要善于把命令式的、居高临下式的语言转化成商量式的、平等交流式的语言，把生硬冰冷的语言变成富有感情色彩的语言。

只有在上述富有情感的平等和谐的交流中，学生才能"有话总爱跟老师讲""有事总爱找老师帮"。这种"求学"的境界，也正是学生主动学习、自主发展的重要标志。

二、收放自如，动感无限

放就是放得开，是指教师不要怕孩子暴露问题，要解放孩子的身心，要尊重学生的思维成果。一些看似错误的回答也可能蕴含着创新的火花，教师不要轻易否定学生在深思熟虑的基础上的答案，不要把教材上的结论强加给学生，要允许学生对问题有独特的见解。收就是收得拢，是指在尊重学生多种答案的基础上，还要引导他们推敲出尽可能完美的答案。

学生能够经常说："我想……我要……我能……我来做……我还有……我认为……"这是学生投入了自主性学习的又一标志，要达到这样的愤悱状态，教师就不能轻易否定学生的思维成果，不要把自己的意见强加给学生。

学习《坐井观天》时，让学生说说如果你就是那只小鸟，会怎样回应青蛙。学生畅所欲言，有的说："我会笑它是笨蛋。"有的说："我会说，傻瓜，快上来吧。"这些是学生内心的话，只要不是原则性的错误，老师都应予以肯定，即使是一些看似错误的回答也可能蕴含着创新的火花。这样，每个学生都能自始至终情绪高昂地参与整个教学过程，感受到学习的快乐。试想，如果学生绞尽脑汁思考出的一个答案，虽然言之有理但就是因为不符合老师的标准答案而被一棍子打死，学生怎么能畅所欲言、积极思维呢？当然，对于学生出现的原则性的错误我们不能视而不见，我们应在肯定其合理性的基础上帮助其分析错因，使其在心服口服的前提下走向成功。教师要适时地对学生在探索中所出现的"闪光点"进行鼓励，正确的结论要鼓励，对于错误的观点，教师也要婉转地向该生提出他的观点中所存在的漏洞和其他错误。这些错误也可以通过学生的合作交流，由参与交流的其他学生提出，从而引起该生的深入思考。还要注意，在学习过程中，对于学生提出的不同结论，如果有道理，教师就应该给予肯定，即便是与教材中的叙述有所出入，教师也不应该硬将教材中的结论强加给学生，因为任何知识的学习都要经历由不完整到完整的过程。让学生真实的坦陈自己的想法，尊重学生的思维成果，不轻易否定学生在认真思维基础上的答案，这样，学生才会"放下包袱、开动脑筋"，这样，才会"百花齐放、百家争鸣"。同时，在引导学生进行发散思维的基础上，我们还要引导学生相互比较鉴别，把发散的思维再回拢起来，这样就有利于培养学生思维的系统性、严谨性和深刻性。

三、自由发挥，舞台无限

新课程强调的是"自主、合作、探究"的教学方式，它呼唤与之相适应的新教学组织形式的诞生。在新课改实践中，我们应该推出许多以人为本的课堂教学组织形式——"歌舞晚会式""答记者问式""智者闯关式"……构建气氛民主、便于交流的开放性课堂，以便改变教师对课堂的垄断地位。

课堂上我们应让学生在活动中学、在玩中学，以"活动"为主、不"锁住"学生；让学生围绕目标自主选择教学内容、自主选择喜欢的学习方法，以"发现"为主、不"代替"学生；让学生在知识探索的过程中去发现结果或规律，教师不做现成饭喂学生，以"鼓励"为主、不"钳制"学生。这样的课堂，少了不该有的条条框框，多了应该有的自由与宽容，多了促进自主学习应该有的自信和勇气。在这种不拘一格的教学形式中，在这样和谐融洽的氛围中，学生的手指灵活了，思维的闸门开启了，迸发出了智慧的浪花，激荡起创新的激情和成功的欢欣，教师的劳动也涌现出了创造的光辉和人性的魅力。

四、偶发事件，有机可乘

在传统的计划课堂里，我们的教师惟教案独尊，不敢越教案半步。对于教学过程中遇到的一些意外情况，要么把学生毫不客气地训斥一顿，要么自己被气得七窍生烟、乱了方寸。在新课改的背景下，我们要重新确立教育资源观：教育资源无处不在，瞬间即逝的教育资源尤其宝贵。学《乌鸦喝水》时，学生盛水的瓶子不小心打破了，教师的一句"你帮乌鸦找到了一种新的方法"，消除了学生的恐慌，丰富了课堂内容；学习《雨点》时，突然下起了小雨，教师打破了原来的教学程序，让学生听雨、赏雨、沐雨、读雨、品雨，突如其来的意外就这样自然而然地变成了难得的教育资源。生活中不是缺乏教育资源，而是缺乏善于发现和有效利用教育资源的眼睛。对于那些在设计好的教案外和常规课堂内外突然出现的有效教育资源，尤其需要我们积极对待，及时抓取。

"教无定法，学无定法"历来是教学的至高境界，而我们教师要想做到这点，首先要做到的就是让学生天真的心灵丰富多彩，让一成不变的课堂动感起来！

估算也是一种精准的数学方法

目前口算、心算、速算等方法已经悄然根植在家长和小学生的心里,《义务教育阶段国家数学课程标准(试验稿)》(下称《标准》)在第二学段"教学建议"中指出:"估算在日常生活与数学学习中有着十分广泛的应用,培养学生的估算意识,发展学生的估算能力,让学生拥有良好的数感,具有重要的价值。"《九年义务教育全日制小学数学教学大纲(试用修订本)》中也提出在各年级应适当加强估算,在"重视发展智力、培养能力"中提出要重视培养学生的估算习惯和能力。并把原选学的估算内容作为必学内容。因此,我们在教学中应加强估算教学,培养学生的估算意识,发展学生的估算能力,让学生拥有良好的数感。

一、打好估算基础,学会求近似数

估算教学的基础是用"四舍五入"法求一个数的近似

数。九年义务教育六年制小学数学第六册安排求近似数和一位数乘、除法的估算，第七册安排两位数乘、除法的估算。这些内容的教学，都要凭借"求一个数的近似数"这个认知基础。因此，让学生建立近似数这个概念，是寻求近似数方法的前提。教学时，教师要从生活实例直观描述引入概念，再应用概念去探索求近似数的方法。一位数乘法的估算，是估算的入门，其方法是用"四舍五入"法求被乘数的近似数再进行口算估算。教学时，要根据课例，联系生活实际，着重引导学生学习估算的方法和表示法。最后，要求学生用题中所给的准确数实际乘一下，看估算结果与实际乘得的结果是否一致，让学生体会到估算的实用价值。一位数除法估算是一位数乘法估算的逆运算，教学时要抓住被除数省略尾数的问题展开。省略尾数时，有"四舍"和"五入"两种情况，要引导学生综合运用，归纳出一位数除法估算的方法。估算教学不但要追求计算结果的准确，而且更重要的是要引导学生探索估算的思考过程和方法，并从中体会估算在实际中的应用价值。

二、重视意识培养，形成良好数感

《标准》在"课程实施建议"的第一学段"教学建议"中指出："估算在日常生活中有着十分广泛的应用，在本学段的教学中，教师要不失时机地培养学生的估算意识和初步的估算技能。"为此，教师首先要提高估算教学对于促进学生形成良好数感重要性的认识，明确学生应用数学的意识、良好的数感和量化能力的形成，不是对数量的简单识别，而是要把抽象的数据符号经过比较、分析、综合、归纳，不断通过内化形成的一种认知能力，从而在实际行动上加强估算教学；其次，要多引导学生结合实例，利用自己的生活经验和直觉进行估算，强化对数据的认知，形成较强的量化能力，逐步使学生拥有良好的数感。在学习"计量单位"后，可设计一些本身蕴含着估算价值的实例让学生练习。如一根跳绳长约（　），操场长约（　）；一斤白菜重约5（　），一支钢笔长约15（　），等等。学生的良好数感和量化能力还表现在对数据的提取和加工上，同时还表现在"能估计运算的结果，并对结果的合理性做出解释"上。如，"小红家养猪月收入是585元，养鱼月收入是348元。估计这两项月收入一共多少元？"不同学习程度的学生的估算策略有所不同，有的说"500加300等于800，85加48大于100，因此，它们的和比900多一点"；有的说"585少于600，348少于350，因此它们的和比950少"；有的说"这个数比500+300大，比600+400小"，这些估算方法都是对的。教师应组织学生交流各自的估算方法，比较各自估算的结果，说出各自对估算结果的合理性解释，逐步发展学生的估算意识，掌握更多的估算策略。

三、利用时空条件，掌握估算方法

《标准》在第二学段中强调："在解决具体问题的过程中，能选择合适的估算方法，养成估算的习惯。"同时又提出："应重视口算，加强估算，鼓励算法多样化。"估算是以口算、笔算为基础的，而估算的灵活运用反过来促进口算、笔算更加熟练、准确。因此，在课堂教学中，教师要不失时机地为学生提供估算情境，合理渗透估算，教授各种估算方法。让学生自觉运用估算，提高估算兴趣，形成估算意识，掌握估算策略。

1、计算前进行估算。教师引导学生在系统计算前进行估算，可分析解出的得数取值大概在什么范围内，这样就为计算的准确性创造了条件。如，在计算 11.2×1.8 时，可启发学生从三个方面进行估算：一是看乘数 1.8 是带小数，再根据一个数乘以带小数，积一定比被乘数大的道理，估算出积一定要比被乘数 11.2 大；二是根据"看因数中一共有几位小数，就从积的右边起数出几位，点上小数点"的小数乘法法则估算出这题积的结果应是两位小数；三是看各因数接近自然数几，积一定是在这两个自然数乘积的左右。该题 11.2 接近 11，1.8 接近 2，积必定在 11×2＝22 的左右。在计算分数乘以分数时，可把分数化成小数，再按上述方法进行估算。在计算整数的多位数乘法时，可根据因数的位数，估算出积是几位数。如果一个因数是 A 位，另一个因数是 B 位，积是（A+B）位或是（A+B−1）位。如 34×578，积应是五位数，计算出的结果不是五位数的话，那肯定是错的。

2、计算中进行估算。计算前进行估算，适合于一步的四则计算式题目。对于四则混合运算式题目，在计算的过程中，既要观察运算的顺序是否正确，还要对每一步单独运算的结果进行估算，看是否符合计算的有关规律。如计算 0.35+2.1×4.9−45×0.24 这道题，当做到 2.1×4.9 这步时，应估算出积应是两位小数，45×0.24 的积应比 45 小得多且是两位小数，计算出的和应是不少于任何一个加数，差应不大于被减数，最后的结果应是两位小数。如每步运算的结果不在估算的情况之内，那肯定是错的，应及时加以纠正。

总之，估算出的虽然不是最终的结果，但它却趋近于精准的结果，我们每位教者切莫小瞧它，而是要重视起来，千方百计把估算教好。

激发学习兴趣，掀起学习高潮

我常常听一些公开课，看到那些课堂上精彩纷呈的高潮，心不禁向往之。要想掀起课堂教学高潮必须运用激趣艺术，使得课堂教学的某一阶段成为高度发展的富有创造性的教学活动。这种"高潮叠起"的课堂教学，既能有效地调动学生学习的积极性和主动性，又能活跃课堂气氛，在轻松愉悦的氛围中顺利实现课堂教学目标，完成学习任务。

在小学语文教学中，要掀起课堂教学高潮，必须掌握激趣的艺术技巧，不断创新课堂教学实践。

一、游戏竞赛法

多样的游戏、竞赛活动，寓教于乐，使学生在欢快激烈的氛围中，动脑、动手、动口，以趣促思，发展多种能力。常见的语文课堂游戏、竞赛活动有：夺红旗、找朋友、猜谜语、接力赛、角色表演等。游戏、竞赛活动的选择要根据学生的年龄、生理特征、认知结构以及教材的特点确定，要做到适宜、活泼、新颖、有趣。

如在学习《贴鼻子》一课时，我创设了游戏环节：教师首先在黑板正中贴上图片"没有鼻子的娃娃脸"，邀请同学参与活动，同学们的兴趣高涨，当其他同学做游戏时，下面的同学激动地为他指点迷津。游戏之后再进行写作，有了实践活动的经验，写作的难度降低了，同学们的写作兴趣提高了。这样，在传授知识的同时，把课堂教学气氛推向了高潮。

在语文课堂教学中引入游戏竞赛方式，进行听、说、读、写练习，能促使学生把全部精力和智慧投入学习之中，唤起学生的内驱力，同时培养学生积极向上的精神。

二、情境激趣法

"文章不是无情物。"小学语文教材中的大量文章，无不饱含着作者强烈的感情。教师要充分挖掘教材内涵，渲染课堂气氛，创设浓厚的教学情境，让学生在特定的环境中，似见其物、辨其形、嗅其味、闻其声，让学生触景生情，从而促进智慧火花的迸发。

对那些内容好、语言生动、感情色彩强的课文或段落，教师要用绘声绘色的朗读和形态动作，再现教材所描述的意境和形象。如在学习《鹅》这首诗时，当学生看完白鹅浮绿水的投影后，教师立即问学生："这情景美不美？""美！"学生异口同声地回答。教师接着说："我们要一边读一边加上动作，想象白鹅浮在绿水上愉快地戏耍的那种生动可爱的形象。"这时，学生们的情绪马上高涨起来，个个跃跃欲试。教师放起了轻音乐，随着乐曲声，师生一起先伸出弯曲的右臂，再将右手高高抬起，做出鹅朝天点头示意、高歌的动作，并读出"鹅，鹅，鹅，曲项向天歌"的诗句；接着将两手平放两侧做"浮"的动作，并读出"白毛浮绿水"；最后再将两手下垂在身后，做"拨"的动作，并读出"红掌拨清波"。"请同学们再练读几遍。"此时学生的情绪更加高涨，一边表演一边读一边想象，脸上露出甜美的笑容，好像一只只活生生的鹅在水面上嬉戏玩耍。在谈体会时，一位女生说："读着读着，仿佛自己也是一只小白鹅，在水中快乐地游。"另一个学生说："我读着读着，仿佛听到了鹅的叫声，看到了鹅的姿态和美丽的羽毛。"这样，学生们越读越爱读，越读对课文内容体会越深刻。在读中创造出迷人的意境，把教学不断推向高潮。

教学中，教师要充分运用符合学生年龄特征和心理特点的直观形象手段，如实物图画、音像、模型、标本、投影、光盘、多媒体课件等直观教具，以及教师的语言等适宜的形式，选择恰当的时机和方法，变文字为图画，变静为动，变无声为有声，变抽象为具体，变枯燥乏味为生动形象，充分调动学生的各种感官参与学习，集中学生注意力，激发学习兴趣，突破教学难点，扫除学习障碍，加速学习进程。

如《拾贝壳》一课，文章介绍了海边孩子们拾贝壳的故事。文中介绍了螺蛳壳和扇贝的壳，但是同学们对贝壳的兴趣不止停留在课文里，因此，老师在课外搜集了许多贝壳的照片和信息，让学生了解、积累更多的知识，激发学习兴趣。

三、设疑激趣法

古人云："学贵知疑。""小疑则小进，大疑则大进。""疑"是积极思维的表现，又是探索问题的动力。准确鲜明的设问，能激活学生的思维，将学生的思维水平与教学要求衔接起来，使学生饶有兴趣地越过理解障碍，并由此及彼，举一反三，掀起教学高潮。如在学习《小马过河》时，教师引导学生学完全文后提问："这篇课文告诉了我们一个什么道理？"尽管学生争相发言，但很少讲到点子上。这时，教师通过故事谈话设疑，巧妙地突破难点："同学们静下来，听老师讲个故事，一个孩子做饭，一家三口要用一碗米，天天这样。有一次，家里来了客人，而这位小朋友仍旧用了一碗米。吃着吃着，饭不够了。这时，这个小朋友才发现自己错了。请大家谈谈这个孩子错在什么地方，为什么不对。?"这一问，一石激起千层浪，学生认真思索后说："他少放了米。""他按老办法办事。"……教师巧妙引导："那么以做饭这件事联系到课文，是不是说明一个道理呢?"学生们恍然大悟，笑着连连点头称是，并举出了自己想到的生活中的类似事例。

教师要做教学的有心人，要在课文的课题上设疑，激发创新兴趣；要在课文的重难点处设疑，使学生知难而进，迸发智慧的火花；要在学生思路容易堵塞的地方设疑，鼓励争辩讨论；要在"无疑"处生疑，求新求异，激活思维，充分挖掘学生的智慧潜能，培养他们勇于创新的精神。

总之，要想课堂上高潮迭起，学生学习语文的兴趣高昂，必须在教学设计时调动一切可以调动的激趣点，才能营造出一种积极融洽、高涨热烈的氛围，才能掀起一波又一波课堂教学的高潮，语文课堂教学才能不断焕发出旺盛的生命力。

如何有效进行汉语拼音教学

作为一名小学教师，必不可少地要进行拼音教学。旧大纲对汉语拼音的要求是："学会汉语拼音，是帮助识字、阅读和学习普通话的有效工具"。2000 年新大纲对汉语拼音的要求是："学会汉语拼音，是帮助识字、学习普通话的有效工具。学会汉语拼音的声母、韵母、声调和整体认读音节，能准确地拼读音节，正确书写声母、韵母和音节。"换言之，为了贯彻教学大纲的要求，作为一名小学教师，想要教好语文，必须千方百计、灵活高效地进行拼音教学。

修订后的大纲规定汉语拼音的功能是帮助识字，学习普通话，不再提帮助阅读。功能的调整，决定汉语拼音的教学要适当降低要求，这样势必会减轻学生学习的负担，增加学习语文的趣味性。教师据此功能的调整创造出乐—善—爱的教学方法，努力提高汉语拼音的教学质量，培养学生学习语文的兴趣，发展学生的智力，提高他们的创新能力。

一、依据孩子天性来尝试创新教学

孩子们需要快乐，喜欢游戏，这包含着他们对未来的追求，对人生乐趣的渴望。孩子们在活动时，管形象思维的大脑右半球兴奋；用语言表达时，管抽象思维的大脑左半球兴奋。大脑两半球同时兴奋，就可以大大挖掘大脑潜在的能量，在愉快轻松的气氛中学习汉语拼音而不会感到疲劳。

根据一年级学生的心理认识特点，教师在教授拼音时，可以运用"动的方法"，贯彻"乐的原则"，使学生"善学"，达到"爱的目的"，让学生在拼音教学活动中，兴趣盎然地学习汉语拼音，让他们用这把金钥匙去自动开启小学语文这一神奇的智慧大门。

二、新教学方法解读

1、让学生"动"起来——乐学。

兴趣是最好的老师，是激发求知欲的良药。语文课本从知识的体系来讲，一开始就是拼音教学。纯拼音教学是抽象的、枯燥的，所以在汉语拼音教学中，注意研究儿童心理，激发儿童的学习兴趣，显得尤为重要。"动的方法"，就是在拼音教学中让学生充分"动起来"，把声母、韵母、音节动手拆、装、拼……动脑想、猜……动嘴讲、读、唱……动笔写、描……；表演、比赛、游戏……一切能让学生动起来的方法都可引用、借鉴，为我所用。教师可在深入钻研拼音教材，拟定明确的教学目的的基础上，从新教材和刚刚入学的学生的实际出发，精心设计拼音教学过程，再现拼音教材提供的内容、情境，选择"动"点，设计"动"法，让学生在"动"中学，使学习成为一种娱乐活动。

例如，在进行字母教学时，一个个字母就是一幅幅画，直观形象，便于记忆。如教单韵母"o"，可设问："这个字母像什么?"学生就会在他们的记忆长河中去搜索，然后七嘴八舌地给出答案。有的说像小圆圈，有的说像小皮球……教师抓住契机点拨，"你能动脑想一想，把单韵母'o'编成一句儿歌吗"，这样一石激起千层浪，学生们纷纷说："小小圆圈 ooo，小小乒乓球 ooo。"教师可以让学生在自读自编的儿歌中动手写一写。这样，不仅在"动"中强化记忆了字母的音和形，更重要的是充分发挥了学生的自主性，尊重了学生的个性，让每个学生都发挥出创造的潜能，用适合自己的方法来识记每个字母的音和形，一改以往教师读出儿歌，领着学生去识记的教学方法。

例如，以教学复韵母 ai、ei、ui 为例，教师设计了"排队做操""捉迷藏""打电话"等一组游戏。教学时几个学生上来表演排队做操时的情景，他们按照平时做课间操，从高到矮一个个按照次序排好队。学生们尽情地表演着，从中学会了复韵母 ai（挨）。放学了，几个小朋友们在捉迷藏，当一个小朋友找不到他的小伙伴时，便大声呼喊："XX，你在哪？"XX："（ei），我在这儿呢!"随着同伴的喊叫声头上戴着 ei 的复韵母字形头饰的学生答应着，复韵母 ei 就在欢乐的游戏中学会了。

"打电话"的游戏更使学生们兴趣盎然。丁零零，电话铃响了。"ui（喂），你是谁？"一个学生说道。"我是复韵母 ui，我想和你交朋友，你愿意吗？"头戴 ui 字形头饰的学生回答道。刚才的学生答道："愿意愿意。"于是 ui（喂）的声音不断在教室里响起。同桌或者学习小组内的几个学生互相打着电话。在愉快的游戏中学生不仅认识了 ai, ei, ui 三个复韵母，还使课堂成为学生开展社会交往的最有效的场所之一。在以往的拼音教学中，主要是教师对孩子单向灌输字母的音形，而在这样的"动起来"的教学中，学生们无拘无束地交往着，谈笑着，多渠道并进的动态活动使师生之间、同伴之间合作，友好、情感交融的气氛强烈，有利于促进孩子们的社会化发展。新教材只要求学生能准确地拼读音节，可以不再用直呼音节的方法教拼音。据此教师还设计了"邮递员送信""我叫 XX""拼一拼，找一找，做一做"等一组游戏，让孩子们在一系列活动中掌握各个音节的拼读方法。在这样一种轻松的环境气氛中，学生们可以毫无顾虑地自由选择，自由活动，自由表达，给自己带来欢乐，带来兴趣，带来动力，带来学习初始的成功。

2、让学生找规律——善学。

孔子云"好知者不如乐知者"，可见"善学"是"乐学"的深层表现，是内在的、深入的，这种"乐学"往往是学生学习到"火候"，尝到"甜头"之后，从内心体会到学习的愉快，这才是真正的"乐学"。

汉语拼音教学中要做到这一点，必须引导学生在比较、辨别中寻找规律，找字母读音、形状的异同点，找学习拼读方法之间的相通之处。学生只要摸索到一两条规律就能使学习拼音的兴趣闸门大开，一发而不可收。长此以往，学生在体验中逐步养成爱动脑的好习惯，培养学习的主动性、自觉性，发展创造能力，从而使之越来越聪明，越来越善学。例如，在教学声母 d、t、n、l 字形时，教师先和学生们一起复习师生共同编的 b、p、m、f 儿歌。学生齐答："右下半圆 bbb，右上半圆 ppp，两扇门儿 mmm，一根拐棍 fff。"

在这样的锻炼中，学生依据自己的学习特点，总结出学习规律。比如顺口溜，方便记忆又能锻炼学生的想象思维，使他们牢固掌握拼音知识，一举多得！

教学设计：《百分数的意义》

师：课前老师让你们收集了带有百分数的物品，请拿出来。（学生拿出了有关物品放在桌上。）

师：猜一猜今天我们将学习什么内容。

生：百分数。

师：谁来读一读？知道它们的意义吗？

生1：羊毛含量占这件毛衣的90%，有90%是羊毛。

生2：这瓶酒的酒精含量占这瓶酒的48%，不太辣。

生3：实际完成是计划的150%，超额完成了。

生4：我国人数占全世界的25%，我国人口比较多。

生5：我国耕地面积占世界耕地的5%，人多地少，要控制人口，保护耕地。

生6：……

（多名学生上台介绍。）

[评析：《数学课程标准》明确指出：人人学有价值的数学；人人都能获得必需的数学；不同的人在数学上得到不同的发展。联系学生实际，创设情境，利用课前调查与数学信息收集，使学生初步了解百分数，调动学生学习的

自主性和能动性。]

师：谁说一说百分数的意义？

生：一个数占另一个数百分之几的数叫百分数。

师：老师也收集了一些资料，谁来帮老师开个信息发布会。

（多媒体出示。）

1. 一次性筷子是日本人发明的。日本的森林覆盖率达65%，我国的森林覆盖率达23%，但日本不砍伐自己国土上的树木做一次性筷子，我国却是一次性筷子的出口大国。

学生各抒己见。

生1：65%表示日本的森林面积占国土面积的65%。

生2：23%表示中国的森林面积占国土面积的23%。

生3：我们要注意保护森林环境，不能过度砍伐树木。

2. 麦当劳、肯德基等洋快餐登陆扬州，据统计，去年洋快餐的营业额是中式快餐营业额的180%。

生1：洋快餐的营业额是中式快餐营业额的180%。

生2：洋快餐的营业额比中式快餐营业额多80%。

生3：中式快餐要在经营上多动脑筋，提高服务质量。

[评析：密切联系学生的生活实际，创设有趣、现实的情境，并以别开生面的"新闻发布会"的形式，让学生去充分讨论、合作交流、不断探索，充分发挥了学生的主体地位，使学生感悟到数学源于生活，激发了学生的学习热情。]

57

师：做游戏，分组比赛，看谁算得快。

教师出示：第一组：7%、13%、130%、100%

第二组：25/72、12/59、2/15、5/12

比较两组数的大小，由小到大排列。

生：不公平，百分数进行比较更方便，因为它们的分母都是100。

师：谁会用百分数来表示成语吗？什么叫百发百中？什么百里挑一？什么叫一分为二？

生：百发百中是100%，百里挑一是1%，一分为二是50%。

师：同学们有什么发现？能提出哪些问题？

（从生活中的实物上提取、出示下列数据：0% 80% 100% 120% 200% 17.5% 3/4 3/4 吨 13/100 13%）

生1：百分号前的数可为0。

生2：百分号前的数可为小数。

生3：百分号前的数可以大于100。

生4：百分数不能带单位名称，因为百分数是一个比。

生5：3/4吨与3/4意义不一样，13/100与13%意义不一样。

……

反思：百分数的教学应该结合生活实际，这样才能寓玩于教，寓教于乐，学玩结合，事半功倍。

让无话可说变为快乐写作

　　"愁眉苦脸盯本子，绞尽脑汁难下笔"是学生写作文时常见的情况。可见作文教学是语文教学的重头戏，也是难点之一。学生认为难写，教师认为难教，因而，作文教学也成为语文教学改革的热点问题。

　　怎样让无话可说变为快乐写作？这是每位教师在进行作文教学时应该考虑的问题。教师要充分挖掘语文教学中的美育因素，利用学生爱美和渴求欣赏美、创造美的心理，为学生创设一定的审美情景。通过一系列的审美活动，强化学生的审美感悟，提高学生的审美情趣。以美益智，引导学生投入"大语文"学习；以美培德，逐步树立"真、善、美"的观念；以美陶情，使学生形成热爱、感知、欣赏和创造美的能力。

一、创设情境，善于观察

　　写作文必须先观察生活，这样才能做到有话可说。

记得一次作文课上，我装作无意地问学生，怎样的人算得上聪明？学生顿时活跃起来，有的说，聪明就是头脑灵活，会动脑子；有的说，聪明的人记性好，理解能力强；有的说，聪明就是能说会道，会写会算。在充分肯定他们的回答之后，我又问，人怎样才能变得聪明？这也难不倒他们，有人说，在生活中要学会观察；有人说，在平时要多听听别人是怎么说的；有人说，凡事要学会动脑筋；还有人说，得经常在适当场合发表自己的见解。于是，我在黑板上写了一个大大的"聪"字。我说："请注意这个字的写法，'耳'表示要善于倾听；两点就是双眼，要善于观察；'口'当然就是常讲常表白；'心'就是要用心去记忆和思考。"

"老师，合起来那就是多听、多看、多说、多想啊！"

"对。但这还不够，"我又在黑板上写了一个"明"字，接着说，"还要坚持天天这样，月月如此，日积月累，人就会变得越来越聪明。"这时，学生的情绪更加热烈，个个脸上挂满了笑意，感慨"聪明"二字有这么丰富的内涵。

就这样，在教师的语言引导下，学生勤于思考、相互交流，情境确定了，再用一双善于发现的眼睛来观察，那么"聪明"也就不仅仅是一种文字符号了。学生对"聪明"加深了感知，并在脑海里建立起鲜明的形象。

二、多加联想，丰富想象

情感性，是审美教学的又一重要特征。美育化的作文教学，想象和情感的唤起是以审美客体为依据的，唤起想象后，学生才能拥有广阔的天地，才能调动自己已有的生活经验，建构起与客体的精神共鸣。

有一次，我给学生讲了一个故事。汪精卫成立伪国民政府，有一个警察局长为了讨好汪精卫，特地跑到当时一位名气很大的书法大师处，请他写一副贺联。大师挥手写了一副对联：昔有盖世之德，今有罕见之才。汪精卫就任典礼那一天，这位警察局长得意地将对联拿到大厅展示。大家看后连连称赞，汪精卫更是得意。这时，有个参谋大呼起来："大家受骗了！这副对联含有骂人之意。"警察局长一听，气冲冲地上前责问。参谋赶忙上去凑着他的耳朵说了几句话，他一听，吓得直冒冷汗，赶快叫人把对联撕了。

我问学生，这是怎么回事？开始，学生怎么也看不出其中有什么奥妙。有人轻轻念叨，我鼓励他们大声朗诵，这时有人开了窍，不禁喊了起来："我知道，我知道，可以用谐音破解。"再念一下，茅塞顿开："盖世"乃"该死"，"罕见"是"汉奸"。"昔有该死之德，今有汉奸之才。"骂得好痛快！于是，我又让学生想象和模拟当时的情景，大家笑得前仰后合。

经过想象和模拟，再现了当时的情景，学生经历了一场情感体验，不仅领略了语言文字的奇妙，情感也形成共鸣：叛国投敌者的可恨，阿谀拍马者的可耻，趋炎附势者的可恶，平庸无知者的可笑，正义之士高风亮节和聪明才智的可敬。

三、拓展情思，享受愉悦

愉悦性，是审美教学的另一重要特征。在美育化的作文教学中，作为审美主体的引导者，教师要最大限度地发挥学生的主观能动作用，拓展情思，获得教益，享受审美愉悦。

在一次活动中，我在黑板上写出这样一段话，要求大家充分发挥想象，组合成一首七言绝句：

赏花归去马如飞酒已暮时醒微力

学生一看，觉得挺怪。开始七嘴八舌地议论，有的说才14个字，仅到七言绝句字数的一半。我听后告诉大家，这首诗看起来挺怪，但打破常规，用回文诗的方法试着读一读，读通了，它会给你带来快乐。

这下，教室里就像煮沸的水，立刻沸腾起来。有人喃喃说:"赏花归去马如飞,酒已暮时醒微力。按照回文的规律,中间应该出现一处回文。去马如飞酒已暮?然后后面的再折回首句,嗯,我明白了。时醒微力赏花归。"这下不少人想通了,纷纷举手说:"我知道,我能读通。"看着大家兴奋的通红的脸,我让一个不太爱发言的男孩回答,他紧张地说:"这首诗要先把 14 个字从中间断开,然后中间部分前后取出 7 个字组成'去马如飞酒已暮',最后再把后句和首句拿出 7 个字组成一句'时醒微力赏花归'。"于是我让他念出来,他抑扬顿挫地念道:"赏花归去马如飞,去马如飞酒已暮,酒已暮时醒微力,时醒微力赏花归。""真聪明!""你真棒!"这是同学的赞叹。就这样,大家一齐朗读,教室里一片欢腾,笑声传出了窗外。

　　教师的点拨、启发,学生的互相提示、探究,"读不通"变成"读得通",这给学生带来了学习语文的乐趣,拓展了情思,使他们享受到精神的愉悦。

四、参照阅读,下笔成文

　　语文阅读中有许多课文可以借鉴在写作上,比如《雪地里的小画家》一课,我让大家事先预习,想想雪地上还有哪些脚印也可以入画,为学生创设了情景,唤起了学生的想象,拓展了情思,学生通过感知、体验和欣赏,诉诸笔端，即兴写下了一篇篇兴意盎然的佳作，提升了审美情趣。

　　总之，作文课不应该只是应付作业，而应该是学生们摩拳擦掌地踊跃参加的有益有趣的活动，这就要求我们教师千方百计设计好课堂活动，变无话可说、有话难说为侃侃而谈、快乐写作!

第二编　班主任工作

谈如何做好班主任工作

有人说，教师的工作是平凡的，别忘了，伟大是由无数个平凡组成的；也有人说，教师的工作是辛苦的，但苦与乐是一个辩证的统一体，不付出艰苦劳动，何以得到幸福的果实呢？而我认为，教师像一泓圣洁的泉水，不仅能照见学生的全身，更能照见学生的灵魂。自从参加工作以来，我一直担任教育一线的班主任工作，作为一名班主任，既是传道解惑者，又是管理示范者，应全面关心学生的思想品德、学习、劳动、生活和身心健康。在多年的班主任工作实践中，我用耐心和爱心去培育学生、管理班级，收到了一定成效。

一、班级管理

1. 以"规范"入手，做好管理工作

班级日常管理，既是大量的、琐碎的工作，又是复杂的、细致的工作。它不仅是班集体建设中的一项重要工作，也直接关系到每个学生的健康成长。现在的小学生管理能力差，为了有针对性地开展工作，我在班级组织了"日常行为规范达标"比赛。

首先，我在班级里评选"行为规范达标学生"。具体办法是：每位学生准备一个笔记本，一周一页，制成表格，定好加分标准。然后向全班学生公布评比条件，包括：认真完成作业加3分，上课积极发言加2分，做一次好事加3分，上课被表扬加2分，做好值日工作加2分，等等。与之相反的行为分别扣掉相同的分数。加分、扣分情况，学生自己在笔记本上标注，周五进行评比。没被扣分的就可以被评为"日常行为规范学生"，没有名额限制。被评上的同学可以得到"达标"小标志。小小标志，对学生的刺激很大，同学们比赛的劲头非常足。在这一次活动中，我们班有个调皮的学生张文龙，平时不爱写作业，爱捣乱，老忘戴红领巾或教科书，再不就忘带作业本，下课总和同学打仗。自从开始评选"达标生"，他就有了变化，我及时表扬他，他终于在第三周得到了"标志"小标志。当他从我手中接过"标志"小标志时，同学们热情地为他鼓掌，他也流下了激动的眼泪。

2. 以"德"引路，做好育人之道

教师的工作更多的是用智慧把"金钥匙"传授给学生，从而使学生打开知识的大门。班主任在育人之路上，在引导学生走上人生的坦途中，德育尤为重要。

我利用每周五的班会时间，对学生进行"养成教育"和《小学生日常行为规范》的教育，并在班级中开始"一帮一，同进步"的活动，使同学们在学习上找到要帮助的对象，在劳动中找到要学习的榜样，在生活中找到要关心的对象，等等。在这一活动中，同学们纷纷行动起来。

张爽同学是我班一名学习成绩比较落后，又不求上进的学生，每次作业检查不是没完成就是作业本落家里了。每次测试成绩几乎都是一位数。要提高她的学习成绩非常困难。我班的中队长高瑶同学，主动承担帮助张爽学习的任务，并要求老师把张爽安排在自己的学习小组，利用上学前、放学后、节假日的时间进行帮教，不但给予张爽学习上的帮助，还给予她精神安慰，两个人形同姐妹。经过一个多月的辅导、讲解，张爽性格变得开朗了，学习成绩直线上升，并且在期末测试中取得了良好成绩。

张立同学由于小时候的一次车祸，造成右眼失明，左眼视力仅达 0.2，别说是看黑板，就是书上的字迹，都模模糊糊看不清。每天家长接送他上下学，可是在学校的学习、生活也还是面临着困难。自从班级开展"一帮一"活动后，我班的于锋、王欢两名学生，主动承担帮助张立的任务，每节课帮他抄写板书，而且帮他读书上的习题，特别是在他的识字水平很低的情况下，两位同学竟自制许多生字卡片帮他识字。在两位同学的细心帮助下，张立同学自主学习能力在逐步提高。教师多次要调换帮扶对象，可他俩一直坚持要继续帮助张立同学，他们俩说："看到张立同学有进步，我们高兴啊，没有吃亏的感觉。"

我认为对学生进行德育教育，晓之以理是对的，关键是什么样的理，空洞的、抽象的道理学生一般不爱听。我常常采用具体事例加以说明，特别是用班级中榜样的力量去说明，让学生们向身边人、身边事学习，找到自己的榜样，重德氛围浓，人贵有德的思想渐渐扎根在学生心中。

3. 培养班级干部的工作能力

健康的班集体要以优秀的班干部队伍为核心，一个健康的班集体，中队干部的表率作用十分重要。班干部队伍一定要选那些品德好、学习好、有威信的学生，他们的言行对其他学生有很强的感染力。为了培养学生的独立意识和民主意识，我在班组中实行轮换制，任期一个月，每期由五名同学组成，表现突出者可连任，这种办法实行后，学生积极性高涨。每天早自习纪律，卫生情况和课后布置作业都由他们负责，并在每周末由全班学生对本期干部进行评定，优秀者给予雏鹰奖章，予以奖励。这样一来干部的责任心和工作能力大大提高了。开学以来，我班的坏拖布变成了新拖布，卫生角又多了新毛巾、香皂等物品，我私下调查才知道这些物品是小干部于洋、尚美用自己的零花钱买来贡献给班级的。每期的小干部都能默默做着贡献，而且总是不留名。同学们都说是第一组小干部于洋、尚美给他们开了个好头。

是啊，榜样的力量是无穷的，班主任只有抓好干部的责任心和工作能力，充分调动每个人的积极性，班级工作才能得心应手，班级才会有巨大的凝聚力。

二、培养学生良好的心里素质

二十余年的班主任工作，我充分认识到培养学生非智力因素与发展学生智力有同等重要的地位，首先应将自己的全部爱心奉献给学生，并不失时机抓学生的闪光点，及时表扬，让学生们品尝到成功的喜悦。

我班张成同学父母做生意，没有时间管教他，因家庭环境的影响，时间一长，他便不爱学习，不遵守学校纪律，经常在课堂上恶作剧。只要他在，自习课就无法安宁，怎样才能让他和大家融为一体呢？

经过一段时间的观察，我发现他很爱劳动，也很关心集体。为此，我还召开了一次"为张成寻找优点"的主题班会。在会上，大家热情、真诚地列举了他的优点，他却满脸通红。事后，他与我谈心时说："老师，我真不敢相信，我这个坏学生身上也有这么多闪光点！我今后一定努力，让这些闪光点更亮，请老师放心吧。"这是他进步的开始，事情往往有反复性。果然有一次，他不仅顶撞老师，还把桌子弄坏了，我压制住怒火，把他请到校园一棵树下，从家长谈到老师，从过去谈到现在，一向倔强的他，最终声泪俱下，后悔不已。后来，大家选他当了班长，那一刻，他笑了。

让学生在爱心中成长，学生才能真正懂得自己的责任。我班张思宇同学，从小父母离异，自制力差。平时贪玩成性，最喜欢上网吧，只要母亲给钱，宁可不吃不喝，也要去网吧"潇洒走一回"。他的母亲为此头痛不已，他却屡教不改。我为此也找他谈过几次，效果不明显。有一次，下午上课他又没来，我向学校请了假，一连找了五家网吧，终于找到了他，他本以为我会一顿狠批，没想到我对他和颜悦色。抓住这个机会，我跟他讲社会上一些利用游戏污染孩子心灵的做法，既伤害青少年的身心健康又浪费他们的钱财。现在，他不但自己不去网吧，还劝班级别的同学也不要去。

关心学生，要走进学生的情感世界。我班有个学生徐锐，原来是个一个活泼可爱的学生，近来学习成绩明显下降，而且课上不爱发言了。我了解情况后得知她的父亲在一次车祸中丧生，她自己又有严重的肾病，身体很痛苦，精神上压力很大，每天沉浸在悲伤之中。我看到这种情况后，每天和她谈心，谈到人会历经许多磨难，要正确面对，她是一个勇敢的孩子，会战胜一切困难的，她逐渐又变得开朗。最近，在学校的一次锄草活动中，她的中指被小锄头割了很大一个口子，当时血流不止，我及时把她送到医院，缝了四针，她硬是没掉一滴眼泪，还激动地对我说："老师，是您让我懂得了坚强，遇事不慌，放心吧，老师，我不疼!"当她的母亲赶到医院时，看到孩子微笑的脸，一时不知说什么好，只紧紧握住我的手，流下了眼泪。

班级就像一个大家庭。班主任每天要关注的不仅仅是一个张成，也不仅仅是一个徐锐，而是几十颗活跃的心灵，就像待放的花蕾，稍不精心，就可能受到伤害。作为教师，要善于用爱的清泉滋润孩子的心灵，用一双善于发现的眼睛捕捉孩子们身上的亮点，让它们夺目。

三、培养创新思维，提高教学质量

教师的责任不仅仅是教书育人，在二十一世纪的今天，更要培养学生的创新思维、自学能力。在课堂教学中，我注重"书让学生读，问题让学生提，思维过程让学生说，重点难点让学生议，规律让学生找"，在课堂上将学生的感官充分调动起来，发挥其各自的作用。例如：在语文教学中，教会学生说话，是不可忽视的问题，课上，我专门安排了说话和朗读的训练内容。比如说，从《白杨》《桃花心木》《燕子》等课文中选出一个自然段或一句话，让学生读上二十遍，包括小声读，大声朗读。另外，教师发出的声音要有表现力，时间长了，学生的表现力就出来了，思维能力也提高了。

德国作者莱辛说"如果上天一手拿真理，一手拿着获取真理的能力，让我任选其一的话，那么宁要获取真理的能力，而不是真理"。这句话，说明了学生自学能力的重要性。有一天早自习，我给学生 10 分钟预习新书时间，然后进行测试，结果有百分之八十的学生及格了，每个人都感到很惊讶。所以我觉得每个人都有巨大的学习能力，自学能力就是潜能。

在课堂教学中，向四十分钟要效益，并积极参与市教学竞赛，为上好一节课，虚心向领导请教，从板书到自身表情、动作、学生的表现力上下功夫，课后组织学生写读书笔记，坚持每天背会一道古诗，长时间以来，学生的学习热情高涨，班级学生的综合能力都有显著提高。

二十多年的班主任工作生涯使我深深体会到，当好一个班主任必须具有爱心和耐心，能身先垂范，有渊博的知识，做好学生的知心朋友。

　　几分耕耘、几分收获，多年来，我在本职工作中兢兢业业，认真履行一个教师的工作职责，在领导的支持、同事们的帮助加之自身的努力下，我的教学能力有了长足的进步，各级领导给了我很高的赞誉，我所任教的班级被评为鞍山市先进班级，本人被评为海城市优秀教师、海城市骨干教师，多次被评为管理区先进教师、教学能手。这些成绩的取得不但是对我过去的认可，也是对我工作的鞭策。在今后的教育岗位上我会加倍努力工作，奉献自己的全部力量。

浅谈转化数学学习后进生的方法

学习如逆水行舟，尤其是在数学学习中，总有一小部分的学生学习困难，难以达到大纲规定的基本要求，他们犹如一只只搁浅在学海沙滩上的小舟。那么，怎样启动这些学海搁浅之舟，使他们扬帆前进呢？在数学教学实践中，我发现后进生产生的原因比较复杂，既有智力方面的因素，也有非智力方面的因素，而分析其产生原因，对症下药、因材施教是转化后进生的重要手段。现在我就智力和非智力后进生如何转化，谈一点个人的初浅看法。

一、耐心引导，启迪智慧

后进生的智力因素体现在感知笼统，思维缓慢，他们对所学内容的理解、应用等能力较差，因而学生往往出现这样的心理活动："数学太难了，我是学不好的。""这节课我听不懂。""我比别人笨，怎么也学不会。"长期发展下去，势必造成成绩落后，随即产生自卑、畏惧等心理。因此，教师应根据后进生的特征进行转化，因势利导，做到因材施教。

1. 给后进生"爱"。因为"爱是开启孩子心灵之门的钥匙"，对后进生应不吝惜微笑，不吝惜爱的灌输，不吝惜热情的鼓励，这是盈盈之春水，是开启搁浅之舟的外因。因此，教师除了上好课外，更重要的是爱护每一位后进生。做到不鄙弃，不歧视，保护后进生的自尊心。我一般引导学生参与教学活动，树立他们的自信心，只有这样，他们才能对你所教学科产生兴趣，并乐意接受你的教育，从而在心理上消除他们学习数学的障碍，创设转化的条件。

2. 教学内容降低迁移坡度，让后进生循序渐进地把知识加工、内化。如在新课的引入练习中，注意新旧知识的联系，以旧引新，新中有旧，为后进生探索新知、迁移转化作好各方面的准备（包括知识、技能、方法、态度等）。如后进生掌握了三角形面积的推导方法，在学习梯形面积时，利用拼合图形这一方法自觉迁移到梯形面积的推导上来，在学习了整数加法运算定律的基础上，迁移到小数加法的简便运算上。在新课的巩固练习中要注意练习的坡度要由小到大，由易到难，形式要多样化。如基本练习、变式练习、混合练习等。

3. 加强辅导，梯度作业。（1）课前摸底了解后进生掌握知识的程度，以便及时辅导与新课有关的知识，使后进生与其他学生站在同一起跑线上，为他们掌握新知奠定良好的基础。（2）课内学习，教师要多为后进生创造表现的机会，要让他们多说、多板演，做到既动脑、动口，又动手操作，做到勤学好问、多思，这样学生既掌握了知识又培养了能力。（3）课后针对后进生从作业中反映出来的情况进行个别辅导，以巩固所学知识。另外，教师要经常与后进生谈心，多做调查，有的放矢地进行辅导。同时，教师在教学中要有效地管理好后进生。给每一位后进生建立学习的小档案；为每一位后进生配备学习上的小老师。

二、细心激趣，建立自信

后进生非智力因素体现在对学习没有兴趣，上课好动、注意力不易集中、不求甚解，解决困难问题的意志薄弱，没有养成良好的学习习惯，等等。他们并不是"朽木不可雕"的差生。他们的差主要是行为、习惯、态度等方面的缺陷。那么针对后进生的非智力因素如何进行转化呢？

1. 运用多种教学手段，激发学习兴趣。在教学中，（1）教师要积极调动学生主动参与思考问题的积极性，采用启发式、讨论式等多种生动的教学方法，减轻后进生单独回答问题的心理压力和恐慌，对他们的作业要逐步批阅，对错误的地方要帮助分析错误的原因，给予诱导性评价，使其乐于订正，订正后再给予鼓励性评价。（2）教师要充分利用教具的直观性、模型的逼真性、图画的形象性等来创设轻松愉快、形象逼真的教学情境，有条件时还可以利用多媒体进行辅助教学，激发学生学习兴趣。

2. 激发后进生的成就感。学生在学习中获得了成功，对于形成、巩固和发展他们的学习兴趣起着特殊的作用。在后进生的身上，往往消极因素暴露得比较明显，缺点常常掩盖了他们的闪光点。因此，教师要做一个有心人，平时多观察，发现他们的优点，及时表扬，鼓励后进生继续努力，并为自尊心强的后进生创设成功的机会和条件，如让他们优先发言，倘若他们一时回答不出来，教师应耐心、热情地启发，学生如能经常受到这种成功的激励，就可使他们深信自己的智慧和力量，对数学感兴趣，形成一个"成功——有趣——再成功——再有趣"的良性循环过程，从而逐渐进步。

3. 培养良好的学习习惯。良好的学习习惯有助于非智力因素的培养，而培养非智力因素是现代教育的重要目标之一。小学数学教学新大纲就明确指出"要培养学生计算仔细、书写整洁、自觉检验以及独立完成作业的学习习惯"。在教学中，教师应根据后进生可塑性强的特点，采取有效的措施，有意识地进行训练和培养。（1）加强常规训练，严格要求。如培养后进生用心听课的习惯，上课能坐得住，不但要专心听教师讲，还要注意听同学讲，学会听，能听懂；要求他们作业书写整洁规范、一丝不苟；另外要求后进生今日功课今日完成，决不拖拉。（2）抓住时机，有效地进行培养和训练，如口算时，比一比哪位后进生算得既快又对，扮演、笔算、做作业时，比一比哪位后进生书写认真，工整规范，并举办优秀作业与进步作业展评活动，让后进生产生上进心，使他们明白，只要自己努力也有参展的机会，从而培养他们良好的学习习惯。（3）及时表扬，有的放矢。当后进生在学习习惯方面有点滴进步时，要及时鼓励，使他们更上一层楼，对学习习惯不良的后进生不讽刺挖苦，要针对他们的个性，因势利导，期待进步。当然，培养后进生良好的学习习惯的同时，也要注意与常规要求、学习品质、卫生习惯、生活习惯的培养密切联系。综上所述，在实际的教学中，智力因素与非智力因素所形成的后进生应根据他们的心理特征，进行有机地结合。

总之，要想转化数学学习的后进生，一定要耐心、细心，有恒心！

减负+减困=成功

对于学生而言，减负与增效是他们期盼的鱼与熊掌，尤其是在严格执行"减轻学生过重学习负担"的一系列规定之后，对学优生来讲，给了他们更多自由支配的时间和发展能力的空间；但对学困生而言，他们却在获得发展自由度的同时显得无所适从。老师上课的节奏加快了，作业量减少了，专课专用，不能利用其他课给自己开小灶了……种种措施，使他们感到既开心，又担心。如何在减负的同时，关心学困生，帮助他们提高学习成绩，我做了以下尝试。

1. 在课前预习中指导学困生

课前预习在语文教学中应用较多，其实应用在数学教学中，也有较好的效果。课前预习的布置要有针对性和可操作性。

让学生，特别是学困生学会怎么预习。我曾采取由扶着走到放开手的方法：一开始每次给出预习提纲，并作必要提示、指导，让学生带着问题读读、想想。然后逐步过渡到只布置预习内容，让学生自己在书上圈圈点点。这样，通过预习，学生对新授的知识有了初步了解，教师教授时可以开门见山，直奔中心，提高效率。

数学来源于生活，是生活中关于数与形的经验的提炼和抽象。学生对生活中常见的具体事物比较熟悉。因此小学生数学认知结构的形成，首先必须依赖于生活实践活动。而课前预习，便是学生进行实践活动的良好机会。课堂上没有条件、没有时间做的，课前可以先做。比如，教学上海版义务教育课本数学第十册应用题例3："小明家四、五月份的市内电话费共付79.68元。按规定每月月租费24元，超打一次电话费0.12元，小明家这两个月平均每月超打电话多少次？"这是学习中的一个难点。课前我布置的预习任务是：通过各种方法，了解你家电话账单上每一项收费的含义。知道什么叫月租费，什么叫超次费。第二天，学生都把账单带来了，并兴趣盎然地相互比较：你家怎么用了那么多电话费，算算多了哪些费用。结果，上课时，并不需要教师解释，学生已对题中"市内电话费=月租费+超次费"有了充分理解，为新授知识扫清了障碍。

2. 让学生当主角，让学困生上台"多唱戏"

课堂教学应是师生同唱一台戏，而且戏的主角是学生，教师是配角。我在教学实践中发现，很多情况下，教师讲不如学生讲；教师教不如同学教。让学生真正参与互动，投入到学习中，就能促进思维，促进理解，促进记忆。在教速度、时间、路程这三个概念时，我组织了一场竞走表演赛。教师数秒，两个学生在相同时间内竞走。然后讨论：谁快？为什么说他快？是不是走的路程多的人就一定快？学生通过比赛→讨论→总结，理解了什么叫速度、路程、时间。整节课，从头至尾我始终让学生自己尝试、自己发现、自己总结，我只是在适当的时候稍加点拨，取得了良好效果。

此外，我觉得在课中经常采用讨论法，让学生充分发表自己的见解，也是发挥学生主动性的好方法。学生都有很强的表现欲，学困生也不例外。当他们举着手，嘴中大叫着"我""我来"，甚至把他们的手塞到你的鼻子底下时，应善待他们，让他们有上台"唱戏"的机会。其实，思维的火花，常常是在一瞬间产生的。当表达的激情一次次被所谓的纪律压制下去，或是规规矩矩地举手，等了老半天才起来回答，有的学生甚至已经忘记了想讲什么。所以，讨论法是善待学生"插嘴"的好方法。在讨论中，每个学生都有自由发言的机会，学生互相启发、互相纠错、互相补充完善。

3. 挖掘学习内容的趣味性，增强实用性

著名数学家华罗庚说："人们对数学产生枯燥无味、神秘难懂的印象，原因之一便是脱离实际。"因此，无论是概念背景或例证，还是应用题内容的选择或练习题的设计，都应注意贴近实际，富有趣味性。在实际教学活动中我们也发现，一道"猴子分桃"的应用题远比"制造拖拉机"

的应用题更受学生欢迎。鉴此，我在教长方形、正方形面积时，给学生一张居室平面图，让学生帮助住户计算每个房间的面积，在教约数、倍数时，让学生分乒乓球：把12个球放在若干盒子中，使每盒数量相等，有几种放法？在教应用题时，补充一些日常生活中的实际问题，让学生做小当家。这样一来，学习内容既有趣味性，也有实用性。对每一个学生，包括学困生，都有一种吸引力。教师不用强迫他们，好奇心已使他们开始积极思考了。

4. 练习分层设计，作业弹性布置

根据一节课的教学目标，练习设计应是阶梯形的。各阶梯针对不同层次的学生。对学生的学习水平，并不是一次性划分成好、中、差，而是根据当堂的反馈情况，弹性划分。首先，要求全班学生完成基础练习，然后逐步提升、加难。让达到前一目标的学生先踏上一步，做后一层次的练习，教师则集中精力个别辅导刚才未懂的学生。这样，学习困难的学生可以顺利完成基础作业。变式题不会做也不要紧，听完讲评再做，不会感到有很重负担，学生对这种弹性作业布置很感兴趣，各种水平的学生都有所得，有所进步。

5. 实行订正奖励制

要求学生订正做错的题目，是保证练习效果的必要措施。但学困生由于种种原因，常常会逃避订正。教师不得不花很多时间和精力去督促他们。结果是师生双方都很累，而且会产生负面效应。为此，我改变订正方法，实行订正奖励制。作业、试卷订正正确了，在原得分基础上加分。这样，作业辅导与激励机制双管齐下，调动了学生订正的积极性。当学生看到老师在他们订正好的作业本、考卷上写上 100 分时，脸上露出了欢乐的笑容。

　　对于学困生来说，减负无所适从，但只要老师悉心引导，也会减困，从而获得成功的喜悦。

沟通与自我表扬双管齐下的妙处

对于班主任来说，班会就是我们老师和学生进行总结、沟通的一种特殊方式，是搭建学校与家庭桥梁的纽带。我们老师的好多教育思想及教育方法都是通过班会的方式来贯彻给学生的。因此，班会是我们所有班主任应用最多也是最有效的教育方法之一。但是，我观察过好多学校及班级的班会，发现有很多老师水平很高，在班会上讲得激情飞扬，可惜讲台下死气沉沉，学生们甚至哈气连天、毫无兴趣，完全是一场独角戏。这样，班会没有起到应有的作用，而老师整节课苦口婆心的教导也成了白费力气。

那么又是什么原因导致了这样的情况出现呢？原因有二：一是仍在使用教条式教育思路；二是还在使用填鸭式教育方法。试问，用这种枯燥生锈的方式来和现代的学生开班会，能起到什么效果？可以说没有效果！经过我的长时间、多阶段考察调研和图书网络查询，发现真正好的班会，都有一个共性，就是互动性比较强，学生的参与性比较高。那么是什么方法呢？沟通与自我表扬！就是在班会中开展学生与老师间的沟通与自我表扬，学生与学生间的沟通与自我表扬。

在本人从事教学工作二十多年的时间里，开的班会虽然很多，但是真正自我感觉十分理想的班会并不是很多。究其原因，也是犯了"教条"和"填鸭"之错。幸运的是我发现得比较早，改进得比较快，在这五六年来我一直坚持在班会中技巧性使用"沟通与自我表扬"。通过实践，我发现这种方式让我和学生间的距离缩短了，感情深厚了，沟通容易了，当然最重要的是教育水平上去了。

那么如何在班会中用好这一方法呢？

第一，明确班会主题，就是首先要和学生说明本次班会的目的和意义；第二，明确班会展开的方式，就是和学生说明本次班会采用的方式是沟通与自我表扬；第三，放下架子，走进学生的世界。这三点，看起来很简单，但是要做好却很难。第一点很容易，开班会总有一个主题，明确了主题就明确了方向和目标。而第二点就很难，难在我们老师不是不懂沟通而是不一定敢于沟通与自我表扬，特别是当着学生的面进行沟通与自我表扬！怕丢面子、没威严，怕承认自己的过错，怕承认自己在工作中的失误，怕这会让自己在今后的工作中没有说服力！其实这种观点是不对的。有句老话叫"群众的眼睛是雪亮的"，不要以为我们自己不讲，别人就看不到，自欺欺人才是对自己最大的损害。更重要的是，只有我们自己先承认工作的不足，才有权利指出学生的缺点；只有我们先批评自己，才能更有力地批评学生。这样，你的学生就会在你的带领之下积极地配合你展开批评和自我批评，你的班会就会开得有效果，有力度，有深度。第三点是要求我们主动放下架子，走进学生的生活，这一点是说易不易，说难不难。易在学生和我们朝夕相处，我们只要多看多听多想，就能了解我们的学生；不易在于时代不同了，学生的观念也早已和我们当初形成的观念有很大的差异，我们只有先改变自己来适应他们。这不是件容易的事情，而这也就是有的同志感到的困难所在。说不难是因为解决的办法很简单，只要我们平时多留心，多用心，我们就不难走进并融入学生的世界。如果我们在这样的状态下和学生沟通，学生就会把我们当成他们的朋友，而不再是高高在上的师长。这是班会课上调动学生积极性的最好方法，调动了学生的积极性也就达到了我们开班会的最终目的：老师与学生的互动交流。那么这次班会课就是一次成功的班会。

实践是检验真理的唯一标准。我们不仅要有理论的指导，还要将理论用于实践。在班会课上我们总会遇到各种各样的难题，那么在处理这些难题时就要学会应用沟通与自我表扬。长期以来，很多班主任总是被一些十分棘手的问题困扰着。譬如有些学生在学校里不抓紧时间学习，而是把心思花在和学习无关的事情上面；有的学生和校外的不务正业的社会青年来往；有的同学早恋；有的同学沉溺于网络世界不能自拔……"金无足赤，人无完人"，圣人也有犯错的时候，更何况我们这些有七情六欲的凡人呢！对待这些同学我们一定要耐心地教育，但是一定要在批评教育的同时引导他们进行沟通与自我表扬，让他们认识到自己的错误所在，并下决心改过自新，这才达到了我们自我表扬的真正目的。学会沟通与自我表扬是学生认识自己、了解自己的重要途径之一。

总之利用好班会，沟通与自我表扬双管齐下，这样就能把班会开好，让家长满意，令学校与家庭联手并进。

在班级里开展批评与自我批评

我们作为一名教育工作者不仅要教育好我们的学生，还要在教育学生的同时不断总结经验，不断地进行师生间的批评与自我批评，从而改进我们的工作方法。在对待学生的错误时，我们要做到一视同仁，不能有丝毫的偏见。不能说某个成绩好的学生犯了错误就不严肃处理，该严厉处理就不能手软。也不能说某个成绩不理想的学生犯了错误就对学生进行体罚，这样不仅不利于学生改正错误，而且不利于学生的身心成长。我们要致力于培养品学兼优的学生。这些道理说起来很简单，但是我们有时并不能够做得很好，这就要求我们在班会课、团队会上或者是自习课上与学生进行交流，让学生指出我们在工作中需要改进的地方，也就是让我们老师放下架子和学生平心静气进行交流，和学生成为真正的朋友。

古人云：师不必贤于弟子，子不必不如师。要让学生知道不是只有老师能够批评学生，学生也是可以批评老师的。而老师要敢于接受学生正确的批评。接受了批评后我们还要进行自我批评，在批评中不断地总结新的教育方法，不断完善自己，使自己在学生中树立一个崇高的形象。

为学生树立一个榜样，勇于带头进行批评与自我批评是组织一次成功的班会的第一步，第二步就是引导学生进行同学间的批评与自我批评。

组织学生进行同学间的互相批评有利于学生发现自身的缺点，更加全面、深入地了解自己。"不识庐山真面目，只缘身在此山中"，一个人很难全面地认识自己，对自身的缺点不一定了解，就更谈不上改正缺点和提高自身了。让朝夕相处的同学去指出学生的缺点，是让学生认识自身缺点的最好方法。只有先认识到缺点，才能积极地改正缺点。另外，让学生互相批评，有时候学生会因为面子问题不愿意配合，一是学生不好意思去批评别的同学；二是被批评的学生有时会觉得自己被当众批评了就丢了面子。这时候老师不能硬逼学生去进行批评与自我批评，而要耐心地引导学生，要让学生明白"君子之交淡如水，小人之交甘若醴"，真正的朋友不仅会对你甜言蜜语，也能毫不留情指出你的缺点，并且"良药苦口利于病，忠言逆耳利于行"，爱面子只会让你失去改正缺点、提高自我的机会。

引导学生进行自我批评有利于学生认真总结自我、发现自我、提升自我。让学生进行自我批评，首先要让学生全面地认识自己，总结自己的优点与缺点。这样能让学生更好地发扬自己的优点、改正自己的缺点。其次，学生在进行自我批评之后，一定要让学生制订一个改正缺点的计划，自我批评只是手段，改正缺点才是最终目的。让学生进行自我批评首先是对批评的补充。别的同学的批评会因为碍于面子或对这个学生不太了解等原因不太全面，而自我批评正好对之进行弥补。其次，勇于自我批评本身就体现了学生改正缺点的决心。自我批评虽说容易，但需要很大的勇气。勇于当众进行自我批评，说明这个学生有足够的勇气去改正缺点并接受同学和老师的监督。

经过长期实践，我发现批评与自我批评这一方法的确有了很大成效。学生们在班会课上不再是心不在焉，而是十分积极地参与到班会课中，和老师的互动性也增强了。每次班会课几乎所有的学生都会有发言，对别人提出批评体现了作为班级一员的责任感，对自我进行批评体现了很大的勇气。

鉴于我的长期实践结果，我认为，批评与自我批评这种班会方式非常值得推广。班会课上进行批评与自我批评，能够拉近学生与老师之间的距离，让老师不再是学生心中高高在上的人，而是学生的知心朋友，在老师与学生之间搭起一道信任的桥梁。这样能够给予学生认识自己的机会，让学生在接受批评与自我批评时认识到自己的不足之处，并加以改正。这样有利于加深同学之间的友谊，提高一个班级的向心力和凝聚力。这样还可以加强学生的交流互动能力，有助于学生在以后的道路上更容易适应社会这个大舞台。

　　"路漫漫其修远兮，吾将上下而求索"，也许我对这一班会方式的实践及总结还不够成熟，这一思想建设方式的应用，要经过广泛和反复的实践才能掌握其精髓，展现其魅力，我将不断努力去求索其中的奥妙。

开个自己、家长、学生都满意的
家长会之高招

常听身边的老师说，开家长会是最让人头痛的事情。我却不这么想，我认为家长会是最能展示学生一个学期取得的成绩的时候。一场成功的家长会往往会使家长对老师有一个重新的了解与认识。所以，开成功的家长会也成为我追求的目标。那么怎样让家长会更受孩子、家长的青睐，让孩子们消除紧张心理，让家长们开心而来满意而归呢？具体可以从以下几个方面来实施：

一、把家长会办成一个学生作品展示会

我把孩子们一个学期以来的成绩展示出来，把家长会办成一个学生作品展示会。展示分为三部分：第一展区展示的是学生的作业本、练习本、写字本、日记本等。平时家长只看到自己孩子的本子，家长会的展示使他们可以看到全班孩子的本子，可以明确自己孩子还存在哪些问题，

孩子的综合能力在班级中处于什么位置。这对进一步加强家校联系、共同培养学生的行为习惯将大有益处。第二展区展出的是一个学期以来孩子们主办的每一期小报。别小瞧一张小小的报纸，它能培养孩子多方面的能力，如写字能力、绘画能力、搜集整理资料的能力、审美能力等。看着浸满孩子们智慧和汗水的小报纸，家长们都是乐呵呵的。第三展区展示的是孩子们的成功快乐袋，里面记载着他们一个学期以来获得的点滴成功，以及老师的鼓励和家长的寄语。班级走廊、教室里挂满了孩子们一个学期的学习成果，家长们看得津津有味。

二、把家长会办成一个学生成果介绍会

我们常见的家长会基本就是教师的"一言堂"，也不管家长是否喜欢听，更不管所说的是否对今后的教育教学工作有用。在家长会中，我做了大胆的尝试与改革，由孩子们自己来总结班级各项活动。把班级工作分成几大块儿，分别由分管日常工作的班干部汇报情况。如班级文体活动由体育委员汇报，班级好人好事由组织委员汇报，其实最了解班级日常管理的就是这些孩子。由学生来汇报班级活动的家长会很受家长的欢迎和好评。一个学期下来，孩子们都背诵了大量的优美古诗和散文，在家长会上，我让家

长随意抽取题目和学生学号，让学生表演。

我还让学生做小记者，针对班级的主要工作或存在的问题采访家长，让他们谈谈看法，还针对有关家庭教育方面的问题做了采访。

三、把家长会办成一个使家长正确认识孩子的评价会

以往一个学期结束的时候，孩子们得到的只是教师的只言片语，而老师对学生的评价是片面的。这学期，我增设了写给自己的话（自己对自己的评价）、同学的话、老师的话和父母的话四个部分，家长在家长会上可以看到前三项，然后当场写下自己对孩子要说的话。这样的评价能使学生全面认识自己、评价自己，同时从老师、家长、好朋友的评价中受到激励，树立自尊与自信。

这些别开生面的家长会，可以增进家长与老师之间的交流，使家长重新了解与认识老师，全面了解自己的孩子，将孩子的长处和不足尽收眼底，并学会因材施教。

四、把家长会办成一个科学育人的提高会

家长会上，我设法调动家长积极发言，从中最大限度地了解学生的家庭情况和个性特点，以便有针对性地采取教育措施。就家长提出的意见，做出合理的说明，表明态度。对有共性的问题，与家长一起商讨。如怎样最大限度地扬长避短，把教育理想和现实结合起来？激发学生上进心的有效方法有哪些？教师和学生家长各应做哪些工作？怎样做到身教与言教的结合？如何创设良好的学校、家庭育人环境，等等。其目的在于关注学生健康。

浅析调解小学生不良心理状态之良方

目前，无论是教师，还是小学生，乃至社会中的各个阶层，都或多或少地存在着不良的心理状态，而且还有逐年增多的趋势。针对形成不良心理状态的根本原因，启动学生心理内部动力，用积极的心理因素，战胜消极的心理因素，能从心灵创伤中自我解脱，增强对环境的适应性，为健全人格的形成奠定心理基础。

学校的环境是为学生的全面发展服务的，教师正是这个环境中的领路人，应该使生活在这个环境中的每个学生感到安全，感到欢乐，感到自尊、自信，感到责任，为学生正常发展奠定基础。

一、指出问题

小学生不良心理状态，是指小学生的道德认识、道德情感、道德意识、道德行为在某一场合、某一诱因下偏离心理常态，即偏离健康人格，出现某些心理障碍。如多疑、恐惧、烦恼、无自信心、霸道、目中无人、骄傲、出现破坏性与攻击性行为、对所处的环境不适应；等等。

对不良心理状态的调节，是用新的条件反射，建立新的"动型"，用暗示法和情绪场作用改变不良的心理环境。针对形成不良心理状态的根本原因，启动小学生心理内部动力，用积极的心理因素战胜消极的心理因素，使其能正确对待自己和他人能力的局部差异和智力上的暂时落后，能从心灵创伤中自我解脱，提高对环境的适应性，获得抗挫折的能力，为健全人格的形成奠定心理基础。

在我做小学教师的二十年中，我曾接过一个"乱班"。班中有外号叫"多动症""傻派子"等的几位淘气包，搅得班级不得安宁。但对班级带来较大危害的，并不是这部分儿童，而是全班有名的"老蔫"胡小东。他是懦弱型学生中最为典型的。他读到二年级，上课从没发过言，平时也很少出声。寒冬时节别人跳绳、做操、踢毽子，他在一旁观望，从没参加过一次集体活动，成为本班唯一合法的"陪读生"。这类学生似乎从不惹是生非，从不给老师添麻烦，但这类学生带给个人与集体的伤害，比淘气包带来的后果要严重很多。

班中有相当一部分学生淘气时像只虎，公开教学中像只鼠。发言时有翻白眼、望天棚、脚搓地、揪衣服、晃身体、光张嘴不出声等不良习惯，及懦弱、胆怯、顺从依赖、无自信心、无责任感、感情淡漠等不良心理品质，使正常的教育难以实现。这些问题都是由于长期忽视矫正教育，忽视不良心理状态的调解及行为习惯训练造成的。

儿童时期是个性心理品质初具模型的关键时期，儿童时期所形成的某些个性心理品质将会对终生产生深刻的影响。一遇公开场合，就发生语言抑制，这种不良的心理状态不能及时调节，就会使儿童形成不良的个性心理品质。

源于上述思考，我下决心把胡小东作为主攻对象，打破原有的心理定式，用新的条件反射建立新的"动型"，以实现对全班所有学生的不良心理品质的矫正。

二、具体措施

1. 打破原有的"定式"

我刚接班的一个月里，为了消除胡小东的疑惧心理，我一直找各种话题与他交谈。他总是点头、摇头，一句话也不说。听他妈妈说胡小东会唱很多歌，于是我让学生轮流唱歌。我再三坚持，明确地提出要求："一定要做勇敢的孩子，一定要唱，哪怕唱一两句也可以，不会唱可学一种动物的声音，但不能不唱，你一个人不唱，下一个人就没办法按顺序唱。只要一句，就可以得到自己喜欢的奖品。"他宁肯不得奖品，也不唱。这是胆怯与勇敢两种心理品质的较量，这次他不唱，今后就很难再改掉胆怯的毛病了。

爱学生应从严要求，爱而不严等于不爱。我清醒地意识到，焦急、期盼中需要冷静。教育要求能否被学生接受，很大程度上取决于教师在学生心目中的威信和师生关系的融洽程度。迁就和强制都会导致教育的彻底失败。现代的独生子女，自我意识越来越强，在他们接受教育的天平里，一方面要求教师加强尊重、理解、信任的感情砝码；另一方面，教师需要在学生心目中树立起崇高的职业形象，使全班学生都了解教师意志的坚定性、果断性，以及其坚持真理，修改错误的信心绝不动摇。

在两种攻势下，胡小东感到继续当陪读生没有出路了，流着眼泪唱了《春天在哪里》这支歌。

尽管不是情愿的，但是这毕竟是良好心理品质形成的开端。

2. 改变不良的心理环境

在唱歌时，胡小东把"春天在那青翠的山林里，还有那会唱歌的小黄鹂"里的"小黄鹂"唱成了"小王鱼"，惹得学生们哄堂大笑。

这时，我有意在黑板上画了一个把嘴巴张得圆圆的小男孩，我说："这是小东在勇敢地唱歌，唱得非常好。因为他太勇敢了，我愿意天天看到他唱歌，所以我把他画在黑板上了。"这在心理学上讲是心理暗示。是用"望梅止渴"般含蓄、间接的方法对人的心理状态产生迅速的影响。暗示他处在不利的情况下也不气馁，一定要充满信心、战胜困难。

别人都在笑时，我看到学生张小强一点没笑，并向湖小东投去同情的目光，因为他曾有过口吃的毛病。我把张小强叫到一旁，表扬他懂事，看到胡小东发音不准很着急，一点没笑，这才是胡小东最好的朋友。在情绪场作用下，一张张欢快的脸变得惭愧，目光回避着我，我指导他们从心里认识到自己的过错，认识到应该怎么对待自己和对待别人。

3. 清除心中的伤痛

胡小东的母亲很着急，她领孩子先后走了市妇儿医院、市中心医院、市三院去看舌头，诊断结果均无异常。

我反复教他说："老师，老师，好老师。"他发出一连串字音是"袄师，袄师，好袄师"，我反复琢磨，突然想起声乐老师教唱歌时说："吐字要有技巧，对每一个字都咬清字头，延长字腹。""老"字的字头是声母 L，字腹是韵母 ao。胡小东韵母发的音没一点问题，而问题发生在声母 L 上。因为 L 的发音应该使舌头迅速对准上腭碰一下，使气流在口腔中受阻，而形成 L 的音。于是，我教他用舌头尖碰上腭，他一下子就发出了"老"字音。一个两年来压力重重的孩子，这一次笑得那么开心。我立即为他编了一首《老师爱你胜自己》的八句儿歌，并写条让他带回家复习巩固。

4. 战胜挫折的感情体验

我重新辅导胡小东唱《春天在哪里》这支歌。我指着黑板上的小男孩说："唱吧，勇敢地唱吧，大家都懂事了，不会再笑你的。勇敢的孩子是不怕讥笑的。"这时，胡小东重新唱了这支歌。发音非常准确，获得了一片热烈的掌声。他笑了，我却流下了激动的泪水。学生们也用充满爱的动作给他力量，给他勇气，把嘲笑、侮辱、轻视变成恳切的希望、帮助、鼓励。

在家长会上，他再一次成功地演唱这支歌，引起全班同学和家长们极大反响。谁也没有料到，半年前他还是一个吐字不清，公开场合下从不讲话的旁听生。从那以后，他总能抓住锻炼自己的机会。校内语文的公开课上，他能用连贯的语言讲上两分钟。他感到最困难的是跳绳，5个也跳不成。笨拙吃力的动作，实在叫人好笑。但课上他再也不怕讥笑，坚持不懈地练习，升入三年级时他能连跳10个，并且也爱参加集体活动了。在三年级下学期，他被评为学校五好学生。

5. 具有审美情趣，增强抵制诱惑的能力

萌发审美情趣，对来自主观的消极因素，能够积极抵制和防范，应使矫正教育与塑造性教育同步进行。

我从丰富学生的精神入手，使学生按美的准则塑造自己，认识自己，陶冶情操，培养良好的意志品质和个性。

除挖掘教材、游戏，各种教学和生活环节中潜在的思想教育因素外，还利用一切可以利用的机会，把学生从课堂引领到大自然和社会生活中去。

一方面通过观察自然现象，寻找生命的踪迹，与大自然亲密接触，培养审美情趣；另一方面，引导学生观察体验社会生活，了解、发现他人生活中的美，寻找自己学习崇拜的对象，再一方面是在有意义的活动中体验美，如让座、拾金不昧、爱护公物、自我服务、助人为乐、填水坑、扫院子等，丰富学生社会性情感，使学生逐渐领悟什么是真善美，什么是假恶丑，激发学生对美的追求。

三、结果

上述五个方面，是调节小学生不良心理状态行之有效的方法和途径。

一年中，我不仅抚平了个别学生心灵的创伤，而且创设了积极向上和谐友好的人际环境，在新课程理念下，使学生的精神文明、意志行动达到了统一，形成了共同的舆论，发挥着每个孩子的主观能动性。这个集体的向心力、凝聚力，对学生的道德认识、情感、意识、行为产生了极深刻的影响，使每个学生体、智、德、美方面变得更富有。

一年中，每个学生的道德水平、行为习惯、健康水平、语言水平、计算水平、时间观念、效率感都超出一般水平。

每个学生都有自己独特的爱好和专长。每个学生都登过舞台、演过节目，许多学生还被录像，上过电视台。称号坚持每天写日记，锻炼了意志，又培养了良好的习惯。在海城市作文比赛中，有两名学生获奖，全班获得作文比赛优秀班级称号。一年中，全班做好事几百件。

年终，镇教育办领导对全班学生发展水平按全面发展的标准，一项一项考核，及格率100%，优秀率90%以上。

实践使我体会到，只有遵循教育规律办事，把最顽皮、最"讨厌"的学生当成最可爱的学生教育，才会收获成功的喜悦。记住"一切真知来源于实践"，愿我们在实践中共同探索。

浅析对小学生良好美德的教育之法

俗话说得好："没有德行的人才就是次品！"学校的教学工作是对学生实施教育的主要途径，我们教育的目标是使学生成为德、智、体、美、劳全面发展的人才。德育放在首位，可见对学生进行德育的必要性和重要性。

具体可以从以下几方面入手：

一、集体主义教育——摒弃学生狭隘、自私心理

现在的学生有更多的机会接触复杂的社会，他们的思想活跃、视野开阔、想象力丰富，但是由于大多数是一对夫妻一个孩这种家庭结构，家长越来越重视子女成长，同时也出现偏重知识、忽视思想品德教育、不重视智力因素的开发倾向，不少孩子在家中成了"小太阳""小皇帝"，以自我为中心的意识强烈，任性自私，遇事计较、不合群。一些家长溺爱和骄纵孩子，把全部的爱倾注在孩子身上，并且是以满足孩子的心理为出发点，久而久之，这样成长

起来的孩子，思想中没有别人，更不存在道义，同时他们也很脆弱，很容易步入歧途。针对这一情况，我给学生讲老一辈革命家的故事，讲现实生活中的英雄人物，通过革命家和英雄的事例，使他们把对英雄的崇拜作为自己以后行动的指南，增强他们分辨是非的能力。另外，我让他们联系自己生活实际进行讨论，找出不团结因素，分析不团结的危害。通过讨论，学生懂得了宽厚是做人的美德。

二、品德教育——培养学生行为习惯

作为德育教育的重要途径——思想品德课，应有效地对学生进行应有的道德、品质、行为习惯等方面的教育。

思想品德课教学，论其课堂结构，即通过知、情、意、行等完成对学生进行思想品德的教育过程，做到授一课、传一德。但如何使学生通过四十分钟的教育活动真正主动地接受思想教育，并能付诸于今后的行动中，这是思想品德课教学中值得探讨研究的课题。在全日制小学思想品德课教学大纲中明确指出："思想品德课是向学生比较系统地进行共产主义思想品德教育的一门课程。"这就指明了思想品德课必须要坚持共产主义思想教育的方向，用共产主义思想去塑造新一代的灵魂。

课堂教学中，讲清一个观点要解决"是什么"；明确一个道理要解决"为什么";指导一种行为要解决"怎么做的"。在此基础上,联系实际进行教学是关键所在。学生虽然年龄小,但是,他们是有独立思想的个体,他们有自己的思维、情感、意识,所以在教学中要注意以情激情的教学手段,唤起学生的兴趣,以起到教育作用。例如:讲四年级教材《无臂少年》一课时,课前进行调查,发现有的学生在学习上不主动,好拖拉,没有吃苦精神,在讲课时我针对这些现象讲解课文内容,唤起精神、情感上的共鸣,经过一段时间,有的学生确实有了进步,明显改掉了懒惰的毛病,当我问他们时,他们说:"作为同龄人,我们也不甘心示弱。"从中,我体会到学生的自尊心极强,我们教师要善于发现他们的长处,正确引导,确信每一个学生都是一块待塑的"玉"。又如:我在讲《维护集体荣誉》这课时,了解到低年级学生不太懂得用实际行为为集体的团结和进步贡献力量,也不太理解集体中每个成员都要共同努力,珍惜和维护集体荣誉、学生对自己、他人、集体三者相互的辩证关系认识不足。我针对学生思想、行为的实际,提高维护集体荣誉,不做损害集体荣誉的事的道德认识。导入新课时我这样设计导言:"看得出,今天大家特别高兴,如果我没猜错的话,一定是咱班又夺得一面流动红旗的原因吧。老师欣慰的是,集体的荣辱竟牵动着我们中队每一位成员的喜怒哀乐。这说明大家非常珍惜集体荣誉,懂得集体荣誉来之不易。你们一定也在暗下决心,争取保持这份荣誉，用实际行动来维护集体荣誉，是吗？"这样讲演的激情导入，创设了情境，激励了学生的道德情感，为明理做好铺垫。因此思品课培养学生的道德意志，训练学生道德行为，培养良好品德习惯。

三、依赖家庭，加强劳动教育

现代家庭多是"四二一"的家庭结构，显而易见，每个独生子女都如掌上明珠。有不少家庭对孩子的教育以知识教育为主，忽视其他教育，尤其是劳动教育，在家庭中，孩子根本不参加劳动，一切都由家长"承包"了，孩子有了依靠性，离开家长寸步难行，有的孩子不会穿衣服、不会系鞋带、不会收拾书包等。例如：有一次我给一年级上课时，发现有一名学生始终低着头，我走近一看原来他没带书，当我问他时，他告诉我："都怨妈妈没给我装进书包里。"当时听后，我真又好气、又好笑，针对这一现象，我给他们讲述了劳动创造一切、劳动光荣等道理，告诉他们在家做家长的好帮手，在学校做小主人等，让他们知道少年儿童要从小热爱劳动，养成爱劳动的习惯，现在大部分学生能做力所能及的事、不用家长操心了。

为了进一步深化知识，巩固效果，课后还开展各种比赛，例如：通过"争做好少年"活动，了解学生在家的表现。总之，对学生进行劳动观念的教育既增强了他们的动手能力，又培养了他们热爱劳动的观念。

四、知行统一，培养良好品德

要求学生在认识的基础上，把认识付诸于行动，具有言行一致的高尚品质。要针对他们的实际，提出一些明确、具体的要求，并根据这些要求，引导他们努力去做，达到知行的统一。

我国古代教育家孔子极力提倡"德治"，俄国教育家乌申斯基曾说："道德的影响是教育的主要任务，这种任务比一般地发展儿童的智力和用知识去充实他们的头脑重要得多。"可见，古今中外的教育家都很重视对学生进行品德教育。那么良好的品德如何培养？

首先，要抓住生活中每个环节，培养学生良好的生活习惯的要求。每个人的生活习惯不同，有好习惯，也有不良习惯。这时，教师应对学生提出良好的生活习惯，给学生指出方向，比如：在家里自己的事情自己做，不依赖父母；在学校，要遵守学校的各项制度，不违反校规。我在做值周教师期间发现，早晨进校时，有的学生能愉快地跟老师、同学敬礼问好，而有的同学就不说礼貌用语。在对学生的礼貌教育中，要求学生学会礼貌用语，不用污秽语言。每天都向学生进行知行教育，加之老师言传身教，日久天长一定会让他们形成良好的生活习惯。

其次，应该培养学生诚实、勤劳勇敢的良好品质。因为诚实是做人的基本道德准则，是取信于人的基础，是建立良好和谐的人际关系的首要条件。我们看到的、听到的很多不良事例往往都是以说谎、不诚实为起点的。因此，对学生的诚实教育是十分必要的，学生的说谎原因很多，不能一概而论，老师要善于发现学生的行为迹象，要弄清其说谎的原因。对说谎的学生，应使他们认识到害处，提高他们辨别是非的能力，对说谎行为不应简单粗暴地加以斥责。比如：有一次，我班一名学生没写家庭作业（只有一次），于是他谎称去姥姥家串门回家晚了，就忘记了。事后一了解才知，是他自己贪玩忘写作业了。我晓之以理，动之以情，以关心、爱护、信任的态度对待他，使这名学生主动向老师承认了错误。之后他竟然成为班里的优秀学生。教师及家长要以身作则，严于律己，不欺骗学生。

在培养孩子诚实品质的同时，还要培养学生顽强勇敢的精神。因为温室里培养不出经得起风雨的花朵，总躲在父母怀抱中的学生永远也"长不大"。在今天这个时代，需要那些顽强勇敢，适应能力强，能自食其力的人。因此从小就应该培养学生顽强勇敢、不怕苦、不怕累的精神让学生掌握知识技能，建立自信心，参加各种有益的实践活动。如：学校开展的长跑比赛、拔河比赛及参观、访问等活动都在潜移默化影响学生的自立能力，锻炼他们吃苦耐劳的能力，培养他们独立自主的能力。另外，对孩子的失败不能采取嘲讽态度，应该给予鼓励及帮助。

第三，在充分了解学生的同时，要密切与学生家长的联系，做到协调一致地培养学生良好品德。

要对学生全面了解，就必须与家长取得联系，了解学生在家中的情况，使家、校教育一致。对那些家教不好的学生要予以关心和帮助，并充分与家长进行协调。

良好的思想品德不是一下子形成的。因此，教育也不是一朝一夕的事，只有不断去探索教育规律，摸清学生的心理，努力抓好教育，改进教学，才能取得好的效果。

洒向学生的都是爱

班主任是学校委派对一个班级实施全面组织与管理的教师。班主任应全面关心学生的思想品德、学习劳动生活和身心健康，把班级建设成奋发向上、朝气蓬勃的集体。

在我多年的班主任工作实践中，深深感到作为一个开启学生心灵的工程师，应具备感悟学生心灵的情怀，用耐心和爱心去培育学生、管理班级，才会收到良好的效果。

一、建设良好的班集体

班级日常管理，既是大量的、琐碎的工作，又是复杂的、细致的工作。它不仅是班集体建设中一项重要工作，也直接关系到每个学生的健康成长。1996 年我担任二年级的班主任，学生年龄小，自制能力差。早自习常常是班主任在时鸦雀无声，班主任不在就一片喧哗。为此，我想出各种方法来改变这种现象。

开展了"一日"班长活动，即让每个学生担任一天班长，争做管理班级的小主人。具体做法是：布置早自习作业，检查班级卫生，传达当日信息，并做好当天记录。周末，对五个当班长的学生由全班学生投票，选出一名表现突出的学生，当众奖的一朵小红花，戴在其胸前。小小的红花，对学生有很大的激励。经过这样的班干部轮换制，每个学生管理班级的能力增强了。原来的班级有了紧迫感。通过上述活动，仅一个月时间，班级纪律有了飞跃性改变，学生已自觉形成自我管理、自我约束的能力。

良好的班集体是学生个性得以充分发展的摇篮。当我第一次登上讲台时，面对几十个学生的注视，感到事情不像我想象得那么简单。学生总议论前任老师如何好，对我怀着疑惑的目光，有几个爱闹的学生还常常起哄。作为一名教师，没有什么比学生不信任自己更叫人难受了。为此，我灵机一动，抓住学生好动的个性特点，从搞活动开始。

于是，组织一系列的班集体活动：诗歌朗诵、义务劳动、歌咏比赛、玩大赛等，我和学生一起唱，一起跳，一起思考，放下老师的架子，做学生的知心朋友。通过这些丰富多彩的活动，拉近了我与学生之间的距离，消除了彼此间的隔阂。学生逐渐感到这位老师很亲切。这些活动过后，我又列举了每个学生的优点，他们心里热乎乎的。正是这些课内外的多种教育活动，使每个学生的兴趣爱好得到自由的发展。正如马克思所说的"只有在集体中，个人才能获得全面发展其才能的手段，也就是说，只有在集体中才能有个人自由"。

二、利用课堂教学培养学生的学习兴趣

学生学习过程中，存在着智力因素和非智力因素。教师要在教学中培养学生的学习兴趣。如：在语文教学中，首先要让学生掌握学习方法，培养学生的读写能力。因此，每堂课我都设计学生感兴趣的内容。在教学《荷花》一课时，我是这样激情导入的："同学们，看到这一池美丽的荷花，你想说点什么？"利用这个契机，话题一转，"这节课我们随着作者一同看园里的荷花，你们同意吗？"学生带着愉快的心情和老师一起来学习，感到轻松、自由，从而达到教学目标。

在教学中，我还让学生多读，多动手。使口、脑、手三者结合促进学生兴趣的提高，在学习《小珊迪》一课时，有名学生语带真情朗读课文，许多同学听后流下了同情的泪水，深深被小珊迪的悲惨遭遇所感染。课堂上多读、多想，学生对不同体裁的文章就知道用什么样的方法去读。在校内朗读比赛中，我班的两名选手分获全校第一名和第二名。因此，课堂上注入兴趣教学，要有的放矢，真正落到实处，让每节课都有生机和活力。

三、对学生开展思想品德教育

任何一个人的健康成长，都离不开正确的引导。德育教育对班主任来说，在全部工作中占首要地位。

针对学生狭隘、自私心理，对学生进行集体主义教育。现在的学生有许多接触社会的机会，他们视野开阔，思想活跃，但由于现在的家长越来越偏重对孩子的智力教育，忽视了思想品德教育，不少学生在家中形成了以自我为中心的意识，遇事斤斤计较，不合群。一些家长溺爱、放纵孩子，把所有的希望都倾注在孩子身上，并且要认满足孩子的所有愿望为前提，时间久了，这样的孩子容易目中无人，而且他们思想脆弱，很容易步入歧途。面对这种情况，我给他们讲伟大革命家的故事，讲雷锋等英雄的事例，使他们将对英雄的崇拜化作自己行动的指南，提高他们分辨是非的能力，并联系实际分小组讨论。经过大讨论，全班学生的思想认识都有了显著的提高，学生懂得了宽厚、勇敢、坚强是做人的美德。

知行要统一，培养良好的品德。要求学生在认识的基础上，把认识付诸于行动。俄国教育家乌申斯基说："道德的影响是教育的主要任务，这种任务比一般地发展儿童的智力和用知识去充实他们的头脑重要得多。"

114

因此要抓住生活中的每个环节，培养学生良好的生活习惯。这时，教师要给他们指出方向。如：在家里自己能做的事情自己做；在学校，要遵守学校的各项制度，不违反纪律。我在做值周工作时，发现有的学生不爱行队礼，见到老师不用礼貌用语。针对此现象，我在周工作总结中表扬表现好的学生，教育表现差的学生。同时，每天都向学生进行知行教育，加之老师言传身教，学生的礼貌行为已蔚然成风。

四、理解、尊重学生，用爱心转变差生

差生转化是一项系统工程，需要家庭、学校、社会共同完成。我体会最深的就是在施教过程中给他们理解和尊重，这意味着要献给他们一颗爱心。

在我所教的班级里，有个叫王小言的学生，听别的老师说这个学生是"刺头"，难管极了。我接手这个班级时，发现他确实在班级里称王称霸，别看他岁数不大，班级里每个学生都被他欺负过。学习上不求上进，课堂上几乎没有一分钟在听课。看到这样学习、品德双差的学生，我起初只采取粗暴的行为，表面来看很是奏效。后来，班里纪律受他影响变得更糟。于是，我细心观察，发现他头脑灵活、办事利落。于是，我充分发挥他的长处，对他委以重

任。起用他当劳动委员，工作干得果然出色。在他担任"一日"班长期间，同学们评价那一天班级纪律最好。他的学习也有了变化，能主动向老师请教问题。当他的队班干部标志丢失时，我亲自给他缝了一个。他感动万分，流着眼泪对我说："老师，我再没有理由不认真学习了。"是啊，理解、尊重后进生，发现他们身上的闪光点，积极诱导，千方百计地帮助他们创造战胜自我、超越自我的信心是非常重要的。

五、奉献爱心，建立融洽的师生情感，是做好班主任工作的关键

我深深地觉得，要想成为一名好老师，必须有一颗爱心。老师不仅是学生文化知识的传授者，更应是学生成长路上的向导，知心朋友。我在工作中，不仅注重学生成绩的提高和思想上的进步，而且总是把学生冷暖时刻挂在心上。

班里有的学生生病，我及时送医院治疗，并时刻守候在病床前；中午或下雨天，有的学生不回家吃饭而忘记带钱，我会及时拿出自己的钱为他们买饭。师生的情感在一步步贴近。

上述只是我对自己做班主任工作的一点体会，班主任

对学生思想的了解和各方面能力的培养研究是永无止境的，只有不断进入到学生美好的内心世界里去追根求源，发现新的生长点，才能真正成为一名高素质的人民教师。

试析小学班主任班级管理工作的对策

摘　要：在新课程改革的进程中，还有许多的不足之处需要改进，其中最受关注的问题是班主任怎样平稳且有效率地开展班级管理工作。本文阐述了目前小学班主任进行班级管理工作时遇到的困难，提出了优化小学班主任班级管理工作的一系列的有效方法，小学班主任应该根据班级学生的特点设计合理的管理方式，利用"小团体"完善班级管理工作。

关键词：小学班主任；班级管理；现状；对策

说到班级管理工作，我们第一个想到的就是班主任，他们负责整个班级的管理工作，任课老师则起到辅助管理的作用。这样的班级管理工作现在看来是不合适的，教师的独立管理不利于学生的发展，且管理工作的效果也难以达到令人满意的程度。因此，为了适应素质教育，班级管理工作应该积极进行改革，班主任应该改变自己，学习适合现阶段的管理模式，进行多方面、多元化管理，进而实现管理目标。

一、班级管理工作的现状

1. 管理模式不够多元

小学班主任被传统教育管理方式影响，是从监督者的角度来进行班级管理工作的，他们主要的管理任务就是督促学生学习知识，这就导致了管理工作没有实现多元化。小学班主任没有根据学生个性的不同进行不同的管理，而是选择一个通用的管理方法管理所有学生，这样就不能全面发展学生的个性，无法高效管理班级工作，也就无法完善班级管理工作。

2. 小学班主任管理观念未更新

小学班主任没有注重小学生的年龄小、心理还不够成熟的独特特点，从而进行传统的班级管理工作。这样就导致小学班主任忽视了小学生之间的巨大差异性，没有设计合理的班级管理工作策略。因为小学班主任的管理观念落后，小学班主任管理工作就不能有效实现。目前很多小学班主任还是无法跟上改革的步伐，无法把小学生看为学习主体，设计有效合理的班级管理工作方法。如果小学班主任这样一味坚持传统的班级管理模式，就会固化小学生的思维，影响小学生的个性发展。

二、应对小学班主任管理工作的对策

1. 因材施教，设计个性化的班级管理方法

小学生由于年龄原因，自控能力和自律能力都普遍偏低，他们难以管理自己，即使树立一个目标，也会因为不能很好管理自己而难以达到。根据小学生这些特点，小学班主任应该对班级内小学生的个性特点作详细的了解，根据班级小学生的实际情况，制订合适的班级管理工作计划。

例如：小学班主任在制定班级管理规则之前，首先应该了解每个小学生的特点，与学生家长进行交流，对学生有一个彻底、深入且真实的了解，结合学生在班级里的具体表现制定一个初步规则，然后在规则实施的过程中不断改进和完善，这样制定的规则才更有实用性，班级管理工作的效率也会更高。此外，班主任也应该对学生家长有一个带领作用，让他们也加入到班级的管理工作中来。这种班主任和家长共同管理的结合方式，对小学生有一个更全面的管理，能有效实现班级管理工作的优化。

2. 更新落后的管理观念

小学班主任进行班级工作的管理时，不仅要做学生工作的管理者，还要做好学生关系的协调者，协调的作用是不能忽视的，要减少矛盾的发生，解决出现的矛盾，使学

生和学生之间的关系团结和谐。只有真诚地关心学生的生活，才能与学生建立良好的关系。

例如：小学班主任在日常的班级管理工作中，要多与学生互动，了解他们对班级管理工作的意见和不满，及时解决存在的不良问题，对学生关心爱护，鼓励学生努力学习。但是与学生过度亲密，就会失去班主任的威严，对班级管理工作反而会有不利影响，因而与学生的关系一定要适度。另外，班主任发现有学生成绩退步时，不能没弄清楚原因就一味批评，而是应该帮助学生找到原因。小学这个阶段学生十分信任教师，会遵循班主任制定的规则，班主任应该依据这一点制定规则，这样学生的行为规范就会有所依据，避免学生不好的行为习惯，有利于班级管理工作的顺利进行。

3. 利用"小团体"提高班级管理效率

小学生的特点就是喜欢建立"小团体"，有一个自己的小圈子。小学班主任可以充分利用这一点，提高班级管理工作的效率，也使管理模式更加多元。对于班级"小团体"，班主任可以加以引导，让他们之间产生良性竞争，共同进步。"小团体"的形式还有利于班主任的分组管理，使班级管理可以稳定进行。

例如：班主任应该了解"小团体"的构成，对他们进行谈心活动。从两个方面进行工作，一方面，小学班主任与"小团体"中里的领头人交谈，让他们与班主任配合管理班级。另一方面，班主任应该与"小团体"成员交流，让他们在遵守小圈子规则的同时也遵守班级管理规则，提高班级管理的有效性。

三、结 语

通过简单分析小学班主任进行班级管理工作的对策，我们应该认识到班级管理工作的根本就是尊重学生，顺应教育的发展。班主任应该做出改变，放弃传统过时的管理模式，改变刻板的管理观念，创新出更有针对性的班级管理制度，为学生的全面发展打下基础。

参考文献：

[1]王美玲．小学班主任工作中的问题再研究[J].考试周刊,2013(19):178.

[2]楚天娇．新时期如何做好小学班主任的几点建议[J].教师,2016(4):137-139.

[3]祁明亮．探究家校互动在小学班主任工作中的重要性[J].才智,2015(15):154.